Aus Liebe

Biografie einer tapferen Frau

agenda

Hasmukh Bhate

Aus Liebe

Biografie einer tapferen Frau

agenda Verlag
Münster
2011

Bibliografische Informationen der Deutschen
Nationalbibliothek

Die Deutsche Nationalbibliothek verzeichnet diese
Publikation in der Deutschen Nationalbibliografie;
detaillierte bibliografische Daten sind im Internet über
http://dnb.d-nb.de abrufbar.

© 2011 agenda Verlag GmbH & Co. KG
Drubbel 4, D-48143, Münster
Tel.: +49(0)251-799610, Fax: +49(0)251-799519
www.agenda.de, info@agenda.de

Lektorat, Layout, Satz und Umschlaggestaltung:
Lea Salje und Magdalena Frehsmann

Druck & Bindung: TOTEM, Polen

ISBN 978-3-89688-453-4

Meinen Eltern

Rambha und Dayalal Bhate

und unserer Tochter Sunita-Nicole

in Dankbarkeit gewidmet

Inhalt

Vorwort	9
Kapitel 1	
Juttas Kindheit	13
Kapitel 2	
Juttas Jugend	37
Kapitel 3	
Ganz in Blau	42
Kapitel 4	
Geburt und Tod	55
Sunita	55
Anil	60
Ajay	64
Reflexion über den Tod Anils 2001	68
Ajays Tod	83
Trauer	97
Kapitel 5	
Juttas Gedichte	117
Watt	117
Wattwiesen	118
Sommertag	119
Lichtkontraste	120
Am Strand	121
Abend am Meer	122
Dünen	123
Sturm	124
Nach dem Sturm	125
Wolken	126
Grauer Regen	127
Salzwiesen	128

Kapitel 6
Schwarzer Montag   129

Kapitel 7
Mein Mann ist Inder und Arzt   140
Jutta

Kapitel 8
Juttas Tod   147

Kapitel 9
Traueransprache am 20.10.2010   160

Kapitel 10
Träume von Jutta   168

Kapitel 11
Erinnerungen an meine gemeinsame Schulzeit mit Jutta   191
Gisela Breuer

Kapitel 12
Beitrag der „Trauergruppe"   200
Gisela Hinsberger

Kapitel 13
Auf der Suche nach Tiefe   205
Pfarrer Frank Ertel, TelefonSeelsorge Aachen

Dank   210

Literaturverzeichnis   212

Bildverzeichnis   213

Vorwort

Mit meiner Frau Jutta Bhate, geboren 1943 in Beuthen/Oberschlesien, aufgewachsen im Rheinland, hatte ich das große Glück über 44 Jahre ein gemeinsames Leben mit Höhen und Tiefen führen zu können: nicht immer spannungsfrei, aber immer vertrauensvoll, mit tiefer Zuneigung in schweren und frohen Stunden.

Schon als Kind, das gerade die Buchstaben gelernt hatte, wurde sie ein Leben lang zu einer leidenschaftlichen Leserin. Sie interessierte sich für Belletristik, Kunst, Religion und Psychologie. Nach dem Abitur studierte sie in Bonn Französisch, Geschichte und Pädagogik für das Lehramt an Realschulen. Sie legte das 1. Staatsexamen 1970 ab. In Bonn lernten wir uns 1966 kennen. Wir kannten uns 44 Jahre und waren über 40 Jahre verheiratet.

1978 war ich leitender Anästhesist und Intensivmediziner des Malteser Krankenhauses in Simmerath geworden. Ich selbst bin in Indien 1942 geboren und lebe seit 1961 in Deutschland. Die Auseinandersetzung mit indischer Kultur hat auch ihr Leben stark beeinflusst.

Sie half mir bei der Erstellung meiner Autobiographie. Fünf Tage vor ihrem Tod am 14. Oktober 2010 konnte sie das frisch gedruckte Buch in Händen halten und sich daran erfreuen („Aus dem Traum in die Wirklichkeit", agenda Verlag 2010).

Es kamen drei Kinder: unsere Tochter Sunita (1972) und die zwei Söhne, Anil (1975) und Ajay (1979). Nach der Geburt des ersten Kindes 1972 hat Jutta nicht den Schuldienst aufgenommen. Sie entschied sich für Haushalt, Kindererziehung und für die Unterstützung meiner Tätigkeit.

Ganz entscheidende Erfahrungen ihres Lebens waren 1991 der plötzliche Tod unseres ältesten Sohnes Anil im Alter von 15 Jahren und der Tod Ajays, der 2005 erst 26- jährig an Herzversagen starb.

Sie hat erlebt, dass Schmerz und Verlust zu einer Quelle von Neubeginn und Wachstum werden können. Sie fühlte sich beschenkt durch all das, was sich nach 1991 bei ihr entwickeln konnte.

Sie engagierte sich bei der Telefonseelsorge Aachen als ehrenamtliche Mitarbeiterin. Die Ausbildung dauerte 1 Jahr. Alle 3 Wochen fanden Supervision und regelmäßige Fortbildungen zu bestimmten Themenkreisen statt. Seit 1993 führte sie selbständig Beratungsgespräche durch.

Die Arbeit motivierte sie so sehr, dass sie 1996 eine Ausbildung im Neuro-Linguistischen Programmieren machte und nach entsprechendem Studium 2004 vom Europäischen Verband für Psychotherapie als Psychotherapeutin anerkannt wurde. In den letzten Jahren führte sie eine Privatpraxis in unserem Hause. Sie stellte sich der Aktion „Frauen helfen Frauen" in Aachen und dem Förderkreis „Krebskranke Kinder" zur Verfügung.

Die beratende Tätigkeit machte ihr viel Freude. Aus dankbarer Erfahrung wusste sie, wie hilfreich und notwendig einfühlsam unterstützende Begleitung sein kann. Hatte sie doch selbst erlebt, welch positive Anstöße und Veränderungen therapeutische Hilfe zu bieten vermögen, wenn man sich dafür öffnet. Menschen machten sie neugierig. Sie interessierte sich, sie nahm Anteil an ihren Schmerzen, Konflikten und Freuden, die oft auch ihre waren. Sie war im eigentlichen Sinne wegweisend, wenn Klienten sich ihr mit ihren Anliegen anvertrauten. Sie hat diese Arbeit immer als Begegnung erfahren, in der gegenseitiges Geben und Nehmen stattfand und in der nicht nur der Ratsuchende, sondern auch sie selbst beschenkt wurde.

Wir leben in einer Welt, die immer komplizierter und vielschichtiger wird. Zwar gibt es so viele Freiheiten und Möglichkeiten wie nie zuvor, aber gleichzeitig wird die Entscheidung für einen Lebensrahmen und Lebensorientierung immer schwieriger. Extremer Leistungs- und Erfolgsdruck im beruflichen wie im privaten Leben, der Verlust der Werte und Konsumdenken bringen verschärft anwachsende Konflikte mit sich. Ängste, Stress und ungelöste Probleme quälen immer mehr Menschen. Hier hat sie aufgrund ihrer langjährigen Erfahrungen vielen Menschen Hilfe gewähren können. Sie wurde vielen Menschen Trost und Hilfe. Sie schenkte ihnen immer wieder neuen Lebensmut.

Nach ihrem schweren Verkehrsunfall 2008 und später nach der niederschmetternden Diagnose „Brustkrebs" veränderte sich ihr Leben. Sie versuchte, nach dem Unfall kämpferisch, willensstark und tapfer das Leben zu meistern.

Schon ihre Mutter war eine starke Frau gewesen. Sie war klug und besaß Durchsetzungsvermögen. Hede Wohkittel (1909–2004) stammte aus einer großen Beuthener Gärtnerei. Sie hatte ursprünglich Medizin oder Musik studieren wollen, musste aber durch den frühen Tod ihres Vaters 1925 den Familienbetrieb übernehmen, der dann 1945 durch die Vertreibung der Deutschen verloren ging.

Mit der Geburt ihrer Tochter Jutta 1943, begann die Mutter Hede Wohkittel ein Tagebuch über das Kind zu schreiben. Es endete 1956. Die Mutter hat zudem viel über ihre Tochter erzählt. Diese authentische und wohl einzigartige Quelle habe ich für das vorliegende Buch benützt.

Simmerath, im Herbst 2011

Hasmukh Bhate

Kapitel 1
Juttas Kindheit

Am 26.12.1943 wurde Jutta in Beuthen-Oberschlesien als erstes Kind des technischen Bundesbahninspektors Walter Herbert Wohkittel und seiner Ehefrau Hedwig Wohkittel, in der Privatklinik der Frau Dr. Steuding geboren.

Bild 1: Geburtsanzeige in der „Ostdeutschen Morgenpost"

Bild 2: Jutta und ihre Mutter

Juttas Mutter führte ab September 1944 regelmäßig Tagebuch. Sie hatte die Notizen in „Sütterlin" geschrieben. Jutta hatte vor ihrem Tod das Tagebuch in Hochdeutsch auf den Computer übertragen.

Zu dieser Sütterlinschrift braucht man erfahrungsgemäß etwas mehr Übung als für das normale Lesen.

Aus dem Tagebuch
– Unser Kind
Notizen von Mutti (Hede Wohkittel)

6.9.1944

Ich fuhr von Tarnowitz nach Beuthen, um unsere kleine Jutta impfen zu lassen. Sie wurde am 06.09.1944 zum ersten Male mit Erfolg gegen Pocken geimpft.
Ich musste sie aus dem Schlaf nehmen, und Jutta schrie wie am Spieß, als sie geimpft wurde.

Bild 3: Jutta, fünf Monate alt

Nach einer Woche fuhren wir zur Nachschau. Die Impfblattern waren gut angegangen. Das Ärmchen war etwas geschwollen und sehr entzündet, aber Jutta war während der Zeit verhältnismäßig artig.

Bild 4: Impfbezirk Beuthen OS- Stadt

Als Jutta am 14.5.1944 ihrem Papi mit einem Biedermeiersträußchen zum Geburtstag gratulierte, trug sie zum 1.Mal ein zartrosa Kleidchen mit langen rosa Bändern und sah süß aus.

Während der Zeit, in der die ersten Zähnchen kamen, war Jutta nur kurze Zeit etwas unruhiger als sonst und schlief einige Nächte nicht durch. Aber im Allgemeinen habe ich nicht viel gemerkt.

Tarnowitz, 22.5.1944

Meine geliebte kleine Jutta!
Gestern war Muttertag, ich konnte mich das erste Mal zu den Müttern zählen und war sehr glücklich. Dein Papi schenkte mir drei rote Rosen. Du bist nun bald 5 Monate alt und ein selten kräftiges und gesundes Kind. Seit 2 Wochen sind wir hier bei deiner Großmutter, die dich sehr lieb hat. Da du bei schönem Wetter den ganzen Tag im Freien bist, ist dein Gesichtchen schön gebräunt.

Du möchtest am liebsten immer sitzen, richtest dich schon seit 3 Wochen allein auf und erzählst, lachst und stößt hohe und lange Töne aus. Bist überhaupt sehr lebhaft. Mit 5 Wochen habe ich dich schon auf dein Bäuchlein gelegt und du konntest dein Köpfchen heben.

Als du am zweiten Weihnachtstag geboren wurdest (am Nachmittag um 16.30 warst du da), waren dein Vater und ich sehr glücklich, denn wir hatten uns schon lange ein Kind, und zwar ein Mädelchen, gewünscht. Dein Vater wollte, dass du den Namen Jutta tragen solltest, und so wurdest du auch Jutta getauft. Dem Aussehen nach gehst du nach mir: hast ein rundes Gesichtel, hellblonde Härchen und wunderschöne blaue Augen, die jetzt schon sehr klug und verständig blicken. Was du für Charaktereigenschaften haben wirst, können wir jetzt noch nicht feststellen. Vielleicht wirst du so lebensfroh wie ich werden, aber auch wenn du so gut und zuverlässig wie dein Vater wirst, werde ich froh sein. Nun wollen wir den Sommer über hier bleiben, und ich hoffe, dass du dich weiter so gut entwickelst wie bisher.

Am 1.August 44 machte Jutta die ersten Schritte, als sie im Freien im Laufgärtchen stand und Großmama sie bei den Händchen nahm. Unsere Freude war groß.

Am 8.August 44 stand unsere kleine Jutta zum 1.Mal einen Moment ganz allein. Mit 6½ Monaten konnte sie sich schon auf die Füßchen stellen, wenn sie sich am Gitter hochzog.

Die ersten Schuhe, als Jutta 4 Monate alt war, waren braun mit rosa Bommeln und wurden an einem Sonnabend, als Papi aus dem Dienst kam, zu rosa Strampelhöschen angezogen, denn dann musste Jutta immer besonders schön sein.

Die ersten Laute und Worte: aita, ei ei, bs ata asa ww, ta pa ba, Mama, Papa, Oma, Minna, Hede, Walter Wohtitel, Wind, Hund, artim, weh weh.

Am 1.Oktober 44 saßen wir alle, auch dein Vater und Tante Grete im großen Zimmer. Dein Vater und ich saßen wie immer auf dem Sofa. Wir stellten dich auf den Tisch und ich streckte die Arme nach dir aus. Du solltest zu uns kommen. Und tatsächlich machtest du die ersten selbständigen, kurzen Schrittchen vorsichtig auf mich zu. Wir bewunderten dich alle und Großmama kam auch herüber gelaufen. Sie hatte es leider verpasst. Mit 9 ½ Monaten gingst du also allein.

Zu Deinem zweiten Lebensjahr wünscht dir, liebe Jutta, dein Vati die herzlichsten Glück- und Segenswünsche und viel Erfolg und vor allem Gesundheit in der Zukunft.

Tarnowitz, 26.12.1944

Am 6. Januar 1945 hat sich dein Vati von dir vielleicht sehr lange Zeit verabschiedet: „Bisher konnte ich dich jede Woche, und deine Fortschritte von Woche zu Woche sehen. Nun, wenn ich das nächste Mal komme, wird mich vielleicht schon ein kleines Fräulein begrüßen. Ich wäre gern bei dir und deiner lieben Mutti geblieben, aber eine Abordnung hat mich in die frontnahe Stadt Köln abgerufen. Ich hoffe aber, dass wir uns bald wiedersehen, und wünsche dir für die Zukunft das Beste. Dein Vati."

Tarnowitz, den 6.1.1945

Wir wollen hoffen, dass dein Vater gesund und wohlbehalten zurückkehrt. Es tut mir so leid, dass er deine Entwicklung nicht mehr verfolgen kann. Du bist in dem einen Jahr für dein Alter sehr groß und kräftig geworden, läufst, ohne zu fallen, durch die ganze Wohnung. 5 Zähnchen hast du bis jetzt, 3 oben, 2 unten. Du machst bereits „bitte, bitte", „winke, winke" und „hoppe hoppe Reiter" und bist sehr klug und lebhaft.

Das erste Weihnachtsfest konnte dein Vati noch zu Haus verbringen. Da wir nun allein sind, bleiben wir weiter bei Großmama in Tarnowitz.

Wenn Jutta schlafen soll, ruft sie immer allerhand in die Küche. Wenn ich dann sage: „Sei schon still", sagt sie: „Ja, ich sei sson till. Bleib da." Wenn ich „ja" sage, antwortet sie: "nu is ssön" Im September 47 fing sie an, das „z" zu sprechen, Ende Januar das „sch".

1945 wurde Beuthen von der Roten Armee besetzt und unter polnische Verwaltung gestellt. Die gesamte Familie mit Jutta musste mit ihrem Hab und Gut aus Oberschlesien flüchten. Sie waren mehrere Monate unterwegs und hatten noch Glück, dass sie heil in den Westen kommen konnten.

Schaala, Thüringen, Pfingsten, 21.5.1945

Meine liebste kleine Jutta,

Gestern war der zweite Muttertag, den wir, trotz allem was wir an Schwerem durchgemacht haben, gesund und glücklich verleben konnten. Das Traurigste war für mich, dass dein Vater noch immer von uns getrennt ist und nicht einmal weiß, wo wir uns befinden. Ich bin fest davon überzeugt, dass er noch am Leben ist und wir uns in absehbarer Zeit wiedersehen werden. Leider ist es so gekommen, wie dein Vater immer fürchtete. Wir mussten Anfang des Jahres vor den Russen flüchten. Nach furchtbaren Tagen der Flucht bei großer Kälte sind wir am 6.2. in Schaala bei Rudolstadt/ Thüringen untergebracht worden und bewohnen beide ein nettes Zimmer. Auch Großmama und deine Tanten befinden sich in Schaala. Du, meine kleine Jutta, warst, nachdem wir hier angekommen waren, so krank, dass keine Hoffnung mehr bestand, dass du am Leben bleiben würdest. Du hattest Keuchhusten, Bronchialkatharr, Masern und eine schwere Infektion, sodass du operiert werden musstest. Zwei Tage und eine Nacht saßen Tante Mia und ich abwechselnd an deinem Bettchen und flößten dir starken Bohnenkaffee ein, weil dein Herz so schwach war. Es war wie ein Wunder, dass du wieder gesund wurdest, und heute bist du wieder so kräftig und braungebrannt wie selten ein Kind.

Du bist sehr klug und hast ein ausdrucksvolles Gesichtchen, verstehst fast alles, was man zu dir spricht. Nur ein kleiner Eigensinn bist du, aber das wirst du dir noch abgewöhnen. „Papa" und „Mama" sind die einzigen Worte, die du bis jetzt sprichst. Für Tiere hast du eine besondere Vorliebe und bist ganz aufgeregt, wenn du Hunde und Hühner siehst. Da Tante Cläre und Mia für uns sorgen und die Gegend wunderbar ist, geht es uns, obwohl wir alles verloren haben, verhältnismäßig gut.

Jetzt hoffe ich auf die Rückkehr deines Vatis und dann wollen wir uns gemeinsam ein neues Leben aufbauen.

Am 25.10.1945, nach neunmonatiger Trennung, in der niemand etwas vom Anderen wusste, ob er noch lebt oder wo er ist, haben wir uns mit Mami und Dir in Rheydt/Rhld/ bei

Familie Jakobs, wo ich noch möbliert wohne, wieder in die Arme schließen können. Wir werden wohl auch vorerst hier bleiben müssen, da wir in unsere Heimat nicht mehr zurückkehren können, da wir Deutsche sind und den Krieg verloren haben und in unserer Heimat die Polen hausen.

Ich habe aber schon alles vorbereitet, dass wir in nächster Zeit in eine eigene Wohnung werden ziehen können, obwohl in Rheydt-Odenkirchen 60% aller Häuser durch Kriegseinwirkungen zerstört wurden.

1945: Deinen zweiten Geburtstag konnten wir wieder mit deinem Papi vereint verbringen und waren glücklich, zusammen zu sein. Seit dem 25.10 sind wir in Rheydt/Rhld. Du sahst zu Weihnachten wie ein Christkindchen aus im langen weißen Kleid mit goldenen Schleifen. Über den brennenden Christbaum und die Geschenke machtest du große Augen. Dein Gabentisch war für die schweren Zeiten sehr reich: 1 Wiege mit Bettchen, 1 Peter, 1 Paar Hausschuh, Strümpfe, Schlüpfer und 3 reizende Karten von Oma und Tanten, die du nicht genug bewundern konntest. Die Wiege schlepptest du den ganzen Abend mit dir herum. Als deine Tanten im Pelz aus Thüringen kamen, brachten sie dir noch nachträglich eine Puppe, die du Lotti tauftest und deren Kopf gleich am nächsten Tag ab war. Sie brachten noch den Hansi, 2 Paar Strümpfe und ein gestricktes Jäckchen mit.

1946: Deinen dritten Geburtstag verlebten wir bereits wieder in einer eigenen Wohnung in Odenkirchen. Du bist inzwischen bedeutend klüger geworden und sprichst alles. „Stille Nacht" und „Ihr Kinderlein kommet" (2 Strophen) konntest du dies Mal schon unterm Weihnachtsbaum singen.

Bild 5: Jutta mit 3 Jahren

Du wusstest nicht, wo du zuerst hinschauen solltest: ein Puppenwagen mit Puppe Annette aus Plinz, 1 Bilderbuch, ein Muff und Pelzkragen. Zwei Kleidchen, 2 Leibchen, 1 Paar Strümpfe und andere Kleinigkeiten waren da. Von Tante Grete aus Halle kamen 3 Päckchen: 1 selbstgefertigtes Buch, 1 Puppenservice, eine Wiege mit Püppchen u.a. Deine Augen strahlten. Und mit Pelzkragen und Muff fuhrst du mit dem Puppenwagen durch die Wohnung.

Deine Großmama und Tanten sind nun auch in Odenkirchen, und so konnten wir alle zusammen das Weihnachtsfest und deinen Geburtstag feiern. Das war nun schon das zweite Weihnachten in der Fremde. Wie wird es im nächsten Jahr sein?

Odenkirchen, 27.5.1946

Nun kam es doch so, wie ich gehofft hatte, dass wir den dritten Muttertag gemeinsam mit deinem Papi verbringen konnten. Seit vorigem Jahr sind wir zusammen, nachdem wir 10 Monate nichts voneinander wussten. Wir leben jetzt im Rheinland und haben eine hübsche kleine Wohnung ganz für uns und einen Garten, in dem wir viel Obst und Beeren ernten werden.

Für dich hat dein Vater auf dem Rasen unter den Bäumen einen Sandkasten machen lassen, und sobald wieder warme Tage kommen, werden wir uns viel im Garten aufhalten. Du hast dich weiter gut entwickelt und wiegst jetzt 27 Pfund. Du bist ein süßes blondes Lockenköpfchen und den ganzen Tag nicht eine Minute still, außer, wenn du die Decke und dein Däumchen hast.

Mit Vorliebe hilfst du schon in der Küche, willst quirlen, kochen und im Wasser pantschen. Sobald ich Kartoffeln schäle oder etwas anderes mache, muss unsere Jutta zugucken. Auch das Schuhputzen ist eine beliebte Beschäftigung von dir, und deine Schuhe und Strümpfe ziehst du x-mal am Tag aus.

Wir haben viel Freude an dir, besonders, wenn du so niedlich plapperst. Du verstehst alles und sprichst ganze Sätze. Bei den meisten Wörtern hängst du hinten ein „m" an: sitzem, Bettem, usw.

Dein Lieblingslied ist „Guter Mond, du gehst so stille." Davon singst du auch schon den Anfang.

Deine Großmutter kann leider nicht miterleben, was du für Fortschritte machst, denn sie muss noch in Thüringen bleiben, bis wir hier eine Wohnung für sie finden. Deine Tanten sind jetzt 2 Monate bei uns und sind vor 1 Woche wieder zu deiner Oma gefahren, für die du jeden Abend so schön betest: „Lieber Dott, lass meine Omi desund beiben." Tante Cläre kommt in 2 Wochen zurück.

Du weißt, wie du heißt: „Jutta Eva Wohtitel, Odenkirchen, Bahnmeisterei, 2 Jahre alt."

Dein Papi und ich sind glücklich, dass du die schwere Zeit so gut überstanden hast, und ich wünschte, ich hätte in 1 Jahr nur wieder Gutes von dir zu berichten.

Am Anfang des dritten Lebensjahres:

"Wind heult, Hund macht Pipi, Doktor weh weh, Jutta artim, Mami Papi dut, Jutta müde - weint, Onkel Doktor bommt. Lotti kank, kalte Mille wasche. Jutta artjes Tind, Mami dut. Jutta Tage müde (den ganzen Tag müde)."

Die erste Frage: "Ist das ein Mometer?" (Thermometer) "Ach so!" Wenn Jutta fortgeht, sagt sie: "Mami soll artig sein. Jutta bommt gleich." Wenn ich böse bin: "Mami, lach mal. Mami soll lachen."

Wenn Omi am Abend weggeht: "Bomm gut nachhaus. Mach dir keine Sogen, ich mach mir auch keine Sorgen." Wenn sie etwas haben will: "Noch einmal und dann ist SSusss." "Wer hat hier was zu sagen? Ich, die Jutta."

11.6.1947

Meine liebe kleine Jutta,
    Wieder ist ein Muttertag vorbei, und ich komme erst heute dazu, in dein Buch zu schreiben.
    Du bist nun schon ein großes Mädchen, und wenn wir dich ansehen, wundern wir uns, wie sehr du gewachsen bist. Du bist ein kluges Dingelchen, sprichst von Marken, Ausweisen, usw. Oft redest du wie eine Alte, so dass wir viel zu lachen haben, wenn dein Redestrom kein Ende nimmt. Den ganzen Tag hast du zu arbeiten und wenn du mir hilfst, sagst du: "Nicht, Mami, gut, dass du mich hast. Ich mach dir viel Freude." Ein kleiner Eigensinn bist du geblieben, und ich bin neugierig, wann du den mal ablegen wirst.

Das Däumchen nimmst du fast ein Jahr nicht mehr. Als du mal den Daumen in der Tür eingequetscht hattest, warst du auf das Hansaplast so stolz, dass du es immer draufhaben wolltest und der Daumen nicht mehr schmeckte. Wir sind sehr froh darüber.

Seit wir Telefon haben, willst du oft „telenieren", und ich habe schon Tränen gelacht über deine Gespräche.
Mit besonderer Vorliebe pflückst du Blumen und ordnest sie im Glas. Ich glaube, das hast du von mir.

Bild 6: Jutta mit Blumen

13.6.1947 Wenn Jutta Medizin nehmen soll, und die kann noch so bitter sein, sagt sie: „Also Hede, die Medizin meckt wunderbar!"

Aug. 47: „Mami, ich verpech dir, usw...."

Jetzt, mit 2 ½ Jahren beschäftigst du dich, kleine Jutta mit deinem Bobby, Peter und Hansi wie ein kleines Müttterchen, verhaust du sie, weil sie Pipi gemacht haben, redest zu ihnen, wiegst sie und singst:

„Duter Mond, du dehst so tille." Mit Vorliebe willst du beim Kochen helfen, wäschst Wäsche, putzt Schuhe und seit

Tante Mia ein Plätteisen gebracht hat, plättest du mit Begeisterung. Du willst immer Briefe an Oma und Tante Dete schreiben. Auch lesen willst du oft und erzählst dabei alles, was du von uns hörst. Mit Vorliebe singst du, besonders wenn du im Bettchen liegst. Mit 3 Jahren singst du außer den Weihnachtsliedern „Und der Hans schleicht umher", „Alle Vögel sind schon da", „Wenn du meine Tante siehst", „Am Brunnen vor dem Tore", „Eine Heldin wohlerzogen" und noch andere Lieder.

An deiner Annette, auch „Hana" genannt, hängst du mit ganzer Liebe, wenn sie auch schon sehr ramponiert und überall geklebt ist. Meistens untersuchst du alles so lange, bis es kaputt ist.

Vor Hunden und Katzen hast du große Angst. Wenn du dann außer Reichweite bist, sagst du: „Das Hundele ist so artig. Das macht doch nichts."

Ja, du bist unser Schmeichelkätzchen. Und wenn dein Papi sagt: „Du bist ein Schmeckleck", sagst du ganz bestimmt: „Nein, ich bin die Puppenmama".

1947

Nun ist auch dein vierter Geburtstag, den wir alle gesund und glücklich verleben konnten, vorbei. Du konntest es nicht mehr erwarten, bis das Christkind kam, und sagtest immer, du hättest das silberne Kleidchen gesehen. Das Christkind, der Nikolaus, der auch zu dir kam und vor dem du keine Angst hattest, und die Englein beschäftigen dich heute noch. Als du ins Weihnachtszimmer hüpftest, lachtest du immerzu und warst sprachlos. Am meisten interessieren dich die Englein mit brennenden Kerzen an der Krippe. Als du dann im Puppen-

wagen die neue Puppe, die du „Gitti" nanntest, entdecktest, ließest du sie keine Minute mehr aus dem Arm. Du bekamst noch Bilderbücher, Spiele, eine Tasche, Wäsche, eine Schürze, die ersten Fingerhandschuh und von deiner Oma Blumen. Dein Papi und ich gratulierten mit einer Vier und einem brennenden Licht. Du kamst dir dies Mal schon sehr wichtig vor, als dir alle gratulierten.

Wir hatten trotz der schweren Zeiten bis jetzt das Glück immer ein schönes Weihnachtsfest zu feiern, bei dem das Christkind reich war und es auch am Essen nicht mangelte.

Da wir an der Bahn etwas abgelegen wohnen und du unser Einziges bist, würdest du etwas einsam aufwachsen. Du willst immer mit anderen Kindern spielen, so machtest du deine erste Bekanntschaft, indem du an den Zaun liefst und der kleinen Marita von drüben zuriefst: „Marita, komm zu mir spielen."

Bild 7: Jutta mit 4 Jahren

Mit 4 ½ Jahren brachte ich dich in den Kindergarten, und du bist glücklich, mit so vielen Kindern zusammen zu sein. Jetzt hast du eine Menge Freundinnen. Am liebsten bemutterst du die Kleinen und willst sie andauernd heben und tragen. Es ist zu süß zu sehen, wie mütterlich du auch mit deinen

Puppen umgehst. Vor allem schreibst und zeichnest du gern. Auch dem Nikolaus zeichnetest du in aller Ruhe eine Krippe vor. Für Blumen hast du eine besondere Vorliebe und bindest zu gern Sträuße und füllst Vasen. Du bist sehr geschickt und flink, und es macht Spaß, dir beim „Arbeiten" zuzusehen.

Weihnachten 1948

Nun bist du, meine süße kleine Jutta, schon 5 Jahre alt und ein kluges Kind, das sehr gut begreift und viele Fragen stellt. Den hiesigen Dialekt sprichst du mit den Kindern, als ob du hier geboren wärst, kannst aber unser gutes Hochdeutsch auch sprechen. Und wenn du mal falsch sprichst, brauche ich nur „Jutta" zu sagen, so verbesserst du dich sofort.

Als ich beim Großreinemachen die Betten auseinandernahm, kamst du mit Marlene ins Schlafzimmer, und als die Kleine staunte, sagtest du: „Ja, mein Mutter is schlau. Mein Mutter kann alles." Oder du sagst: „Ich frag mein Mutter." Als du unlängst weggingst, riefst du: „Tschüss, Mutter." Ich musste so lachen, weil du mich „Mami" nennst.

Dir geht viel im Köpfchen herum, so fragtest du: „Wie können denn die Englein herunter gucken, wenn im Himmel keine Fenster sind?" Oder: „Der Gott, wohnt der im Himmel? Warum? Spricht er denn?" So habe ich zu tun, deine vielen Fragen zu beantworten. Es macht mir Spaß.

Das Weihnachtsfest haben wir wieder sehr schön verlebt, und du wurdest überreich beschenkt. Deine neue Puppe, Brigitte genannt, bekommst du jeden Sonntag zum Spielen, wenn du artig warst. Und du bist damit ganz einverstanden. Du kannst so vernünftig sein, und wenn du die schönen Sachen in den Schaufenstern siehst und haben willst und ich sage: „Es geht nicht, Jutta, wir haben kein Geld.", dann gibst du dich zufrieden. Es ist gut, dass du dich beizeiten daran gewöhnst, dass man im Leben nicht alles haben kann, was man gern möchte.

Du wiegst jetzt 40 Pfund, hast leider 10% Untergewicht, weil du so schnell wächst.
In der Spielschule kennst du viele Gedichte und Lieder. Du bist sehr musikalisch. Wenn ich die 2. Stimme singe, bleibst du sicher in der ersten. Du sagst mir eben, dass ich schreiben soll, dass du eine Tafel und eine Puppe hast.

1948 :

An deinem fünften Geburtstag veranstaltete ich den ersten Kinderkaffee. Marlene, deine liebste Freundin, Irmgard und Rolf waren ganz aufgeregt weil sie kommen durften. 6 gelbe Kerzen brannten in einem blauen Staticesträußchen. Nach dem Kaffee wurde der Christbaum angezündet und wir sangen die Weihnachtslieder. Du wurdest zum Fest und Geburtstag von Oma und Tanten überreich beschenkt. Vor allem taten es dir die Puppe aus Amerika und der Ball an. Man muss staunen, wie geschickt du Märchen zusammensetzt, baust und nähst. Da kann man feststellen, wie rege dein Geist und die flinken Fingerchen arbeiten. Auch mit Buntstiften malst du sehr schön. Mit dem neuen Plätteisen werden die Puppensachen mit Begeisterung geplättet.

Bild 8: Jutta vor Einschulung 1949

Sommer 1950

Dein größtes Erlebnis war, als du mit mir und Tante Cläre in den großen Ferien nach Königswinter fahren durftest. Von Köln ab fuhren wir mit dem Schiff und du warst ganz erstaunt, dass man da so gemütlich sitzen und Kaffee trinken konnte. Du hattest Angst, mit dem Schiff zu fahren, weil du glaubtest, wir würden in einem Kahn sitzen und auf dem Wasser ordentlich schaukeln. In Königswinter durftest du natürlich auf einem Esel auf den Drachenfels reiten, und ich musste im Eiltempo hinterher laufen, denn du gucktest dich dauernd um, ob ich auch da sei. Ja, du hängst eben mit ganzer Liebe an deiner Mami.

Bild 9: Jutta

Bild 10: Jutta am Drachenfels

Ein bisschen bange war dir doch nach Odenkirchen. Es ist eben deine Heimat, und du bist hier aufgewachsen. Seit du Schiffe gesehen hast, malst du nun auch Segelschiffe und Wasser.

Weihnachten 1950
Handschrift unseres Kindes im siebenten und achten Jahre:

Liebes heiliges Christkind. Ich danke dir ser herzlich für die schöner Sachen die du mirgebracht hast ich will auch ihmer ganz artig sein damit du näkstes Jahr wieder kommst gruss an dich und die Englein.

Deine Jutta

März 1951

Meine liebste Jutta, das erste Schuljahr liegt bereits hinter dir, und du bist schon ein großes Mädchen, das alles lesen und auch gut schreiben kann.

Als du in die Schule kamst, wolltest du deine Lehrerin, an der du sehr hängst, auch „Frl. Hildegard" nennen, musstest aber wie die anderen „Fräulein" sagen. Du gehst sehr gern in die Schule und lernst leicht. Von der Erschaffung der Welt erzählst du reizend, sagst aber stets „Ader" statt „Adam" und wolltest mir nicht glauben, dass er so heißt. „Unser Fräulein sagt, dass er „Ader" heißt", behauptest du. Nun kannst du es in der Bibel selbst lesen und gibst es zu.

Eines Tages kamst du zu mir und fragtest: „Wie hat das der liebe Gott gemacht, dass er sich selbst erschaffen hat? Ich kann mir das gar nicht denken. Er muss doch von was geworden sein. Ist er von selbst entstanden?" Ich sagte dir: „Gott ist ohne Anfang und ohne Ende. Das ist ein Wunder, das wir auch nicht fassen können." Da sieht man, worüber du dir Gedanken machst.

Eines Tages sagtest du zur Oma: „Oma, bist du nichts anderes geworden? Bloß eine Mutter?" Du willst nun Blumenbinderin werden. „Meine Mami ist eine Blumenbinderin. Da werd ich auch eine."
Ob du dabei bleibst?

Handschrift unseres Kindes
Weihnachten 1951 – 2. Schuljahr

Liebes Christkind!
Ich habe mich so gefreut, dass du dieses Jahr zu mir gekommen bist und mir so schöne Sachen gebracht hast. Ich danke dir auch vor allndingen die Gitti. Machtalene und Renate wieder mitgebracht hast. Kann ich gut gebrauchen. Ich will mir Mühe geben der Mutti gut zu folgen. Viele Grüsse an dich liebes Chriskind den den Nikolaus und lieben Englein
Von Deiner Jutta !

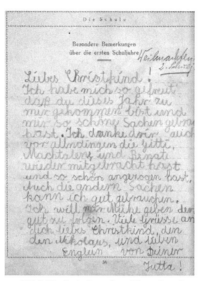

Bild 11: Brief an das Christkind

Odenkirchen, im Januar 1952

Meine geliebte Jutta,

Wir haben wieder ein neues Jahr begonnen, und ich hoffe, dass du mir weiter viel Freude machst.

Du hängst mit ganzer Liebe an mir, und ich darf nie ein ernstes Gesicht machen. Dann heißt es gleich: „Mutti, bist du krank? Stirbst du? Dann will ich auch sterben." Ich muss halt immer lachen, und du bist stolz, wenn du mich dazu bringst.

Du bist ein selbständiges kluges Mädel und kannst sehr fleißig sein. Wenn im Geschäft viel zu tun ist, bringst du die Küche in Ordnung, machst die Betten und gebrauchst auch den Staubsauger. Auch im Geschäft willst du helfen, wischst mit Vorliebe den Laden, Binderaum und Flur. Willst es die Marle-

ne (Lehrmädchen) nicht tun lassen. Aber fürs Helfen willst du meistens Geld haben, das du aber nur für uns sparst. Weihnachten hast du uns alle einbeschert und hast Jeden von uns mit viel Liebe bedacht. Jetzt sagst du manchmal: „Wenn ich noch die 18,00 DM hätte, dann hätte ich jetzt so und so viel." Aber du meinst es nicht so. Dir macht das Schenken so viel Freude. Als Oma sich den Arm brach, umsorgtest du sie mit so viel Geschick, wie wir es nicht besser konnten. Du hast 2 Vögelchen, die du ,wenn auch nicht immer, gut versorgst. Gibst dich aber am liebsten mit Müffi ab, der so schön aus der Hand frisst und dir viel Spaß macht.

Am 12. beginnt wieder die Schule, in die du gern gehst. Nur das Rechnen macht dir Kopfschmerzen.
Eine kleine Leseratte bist du, wie ich es auch mal war. Und wenn du auf Rollschuhen oder Rad fährst, bist du draufgängerisch wie ein Junge. Jetzt, wo wir Schnee und Frost haben, was selten genug ist, bekommst du vom Schlitten nicht genug.
Das nächste Mal berichte ich, wie du die Prüfung in Rheydt bestanden hast (Zutritt zum Gymnasium).

Bild 12: Jutta mit Vater 1952

12.04.1953

Am weißen Sonntag habe ich zum ersten Mal den lieben Heiland empfangen. Ich war übergücklich, ich hatte mich schon wochenlang nach ihm gesehnt. Die Feier in der Laurenziuskirche war sehr schön. Ich habe dem Heiland und meiner Mutti versprochen, alles zu Essen und immer lieb und brav zu sein. Meine Mutter hatte alles so schön und festlich gemacht, dass es eine Freude war, es zu sehen. Ich wurde von meiner Mutti, Oma, Tanten und Bekannten sehr reich beschenkt. Die Hauptsache war ja, dass Jesus in mein Herz gekommen ist. Meine Kommunion war sehr schön.

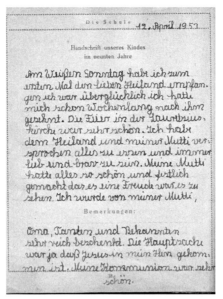

Bild 13: Brief 12.04.1953

Bild 14: Juttas Erstkommunion

Januar 1956

Mein liebes Blauguckele,

So muss ich dich immer nennen und kann nicht zärtlich genug zu dir sein, besonders am Abend. Du bist ein Schmeichelkätzchen geblieben, wie du es immer warst, und hängst mit ganzer Liebe an deiner Mami. Bis jetzt hast du mir immer viel Freude gemacht und überwindest dich mir zuliebe, wenn ich dir vernünftig zurede. Denn manchmal möchtest du deinen eigenen Kopf durchsetzen.

Es sind fast 2 Jahre seit der Prüfung fürs Gymnasium vergangen, so fliegt die Zeit dahin. Du hast dich in Rheydt sehr gut eingelebt und bist weit selbstständiger geworden. In deiner Klasse bist du sehr beliebt und im Unterricht aufmerksam und beteiligst dich lebhaft. Für Sprachen hast du besonderes Interesse, auch für Deutsch. Nur Mathematik liegt dir nicht. Ostern kommst du schon in die Quinta, und ich staune oft, was ich für eine große Tochter habe.

Vorigen Sommer warst du das 1. Mal allein in den Ferien 5 Wochen an der Nordsee. Dir war sehr bange, aber du hast dich auch eingelebt und mal festgestellt, wie gut es dir zuhause geht.

Nächsten Sommer wollen wir wieder zusammen verreisen. Ich musste es dir versprechen.

Wann werde ich wohl das nächste Mal schreiben? Ob wieder so viel Zeit vergeht?

Ich weiß, dass du mir auch weiter viel Freude machen wirst.

Kapitel 2
Juttas Jugend

Im April 1950 trat Jutta in die katholische Wiedemannschule in Odenkirchen/Rheydt ein, die sie bis 1954 besuchte. Anschließend, bis 1960, war sie bis zur mittleren Reife auf dem staatlichen Mädchengymnasium mit Frauenoberschule/Rheydt. Es gab beim Schulabschluss eine Abschiedsfeier und es wurde von den Schülern eine Bierzeitung herausgebracht. Sie diente einzig dem Zweck, Schüler und vor allem Lehrer zu ärgern.

Ein Ausschnitt aus der Bierzeitung über Jutta:

Jutta Wohkittel

Schaust du Jutta an, so denkst du zuerst:
Ach ist das ein braves Kind.
Doch hüte dich; denn du bist blind!
So wie sie aussieht, ist sie nicht,
doch erst nach einigen Wochen geht dir auf dieses Licht.
In der Pause:
Sie haut dir eine runter, wenn ihr was nicht passt,
und dich die Treppe runter zuschmeißen, macht ihr großen Spaß.
Und funkelt sie dich mal zornig an,
kriegt selbst Angst der stärkste Mann.
In der Stunde:
Doch in der Deutschstunde hat sie dies alles wieder abgelegt,
und übriggeblieben ist eine Jutta, die sich erregt,
wenn sie nicht mit uns ist, einer Ansicht.

Dann zeigt sie auf und spricht,
doch nicht mit dem Mund
tut sie ihre verinnerlichte Antwort kund,
sondern mit den Händen verkündet sie es,
auf ganz moderne Weise,
und wenn sie dann doch mal spricht, dann noch ganz leise!
Doch des Dichtens sei genug!
Wie man sieht, wird man aus Jutta erst nach einiger Zeit
klug.

Danach ging sie ein Jahr auf die Staatliche Handels- und Gewerbeschule für Mädchen, Abteilung Frauenfachschule in Rheydt, die sie 1961 mit der Höheren Fachschulreife verließ.

Da sie sich seit den ersten Schuljahren für Bücher interessierte – auf dem Gymnasium waren ihre liebsten Fächer Deutsch, Geschichte, Religion, Kunst und Musik – entschloss sie sich, Buchhändlerin zu werden.

Allerdings hatte sie durch die Berufsberatung einen falschen Eindruck von diesem Beruf bekommen, der viel kaufmännisches Interesse und -Begabung verlangte. In der viermonatigen Probezeit wurde ihr klar, dass sie nicht den richtigen Beruf gewählt hatte und lieber studieren wollte.

Ab September 1961 besuchte sie dann wieder das Gymnasium, und zwar die Marienschule/Mönchengladbach. Sie wiederholte noch einmal die zweite Hälfte der Untersekunda, weil sie nicht wusste, wie sie sich, nach eineinhalbjähriger Unterbrechung des Gymnasiums, wieder an die gestellten Forderungen gewöhnen würde.

Ihre freie Zeit verbrachte sie wie vorher größtenteils mit Lesen. Sie versuchte, ihr Wissen auf geisteswissenschaftlichem Gebiet zu erweitern und zu vertiefen. Wenn man sich mit Literatur beschäftigt, stößt man besonders auf Fragen der Kunst, der Geschichte und der Philosophie.

Vom sechzehnten Lebensjahr ab besuchte sie Theater und Konzerte. Sie liebte die klassische Musik sehr, besonders Werke von Beethoven, Mozart, Schumann, Rachmaninow und Tschaikowski.

Da sie durch den Beruf ihres Vaters, der bei der Bundesbahn beschäftigt war, mit der Bahn frei oder bedeutend billiger fahren konnte, war es ihr möglich, in den letzten Jahren mehrere Auslandsreisen zu machen und so Bekanntschaften in Frankreich und England zu schließen. Besonders gut lernte sie Paris und Südfrankreich, die Provence und das Languedoc, kennen.

Frankreich mit seiner Kultur, Landschaft und Sprache begeisterte sie. Sehr tief beeindruckten sie die großen gotischen Kathedralen, wie Notre Dame de Paris und Chartres.

Da sich zwischen ihrer gleichaltrigen Brieffreundin aus Montpellier und ihr eine sehr feste Freundschaft entwickelt hatte und sie sich mit der Familie gut verstand, empfand sie die Schönheit des Landes wohl umso intensiver. Jutta kannte Marie Odile 50 Jahre und war, bis zuletzt, sehr eng mit ihr verbunden.

Bild 15: Jutta und Marie Odile aus Frankreich

Zweimal wurde sie während der Sommerferien von englischen Familien eingeladen. Einmal nach Southampton, ein anderes Mal nach Guernsey, einer Insel der Channel Islands.

Diese Aufenthalte waren deshalb besonders interessant, weil sie den Unterschied zwischen der Mentalität der Engländer und der der Franzosen, und die Andersartigkeit der Kultur und Landschaft ihrer Staaten erkannte. Obwohl es ihr in England gut gefiel und sie herzliche Gastfreundschaft erfahren hatte, zog sie Frankreich vor.

Nach dem Abitur studierte sie seit Mai 1965 an der Universität Bonn Französisch, Geschichte und Pädagogik und schloss das Studium im Februar 1970 mit dem Staatsexamen für das Lehramt an Realschulen mit der Note „gut" ab.

Bild 16: Jutta 1966 in Bonn

Jutta besuchte 1983 in Simmerath das Soziale Seminar im Bistum Aachen. Das Abschlussexamen bestand sie mit Erfolg und erhielt ein Diplom nach einem schriftlichen Referat und einem mündlichen Abschlussgespräch.

Am 21.02.2005 erhielt sie ein Zertifikat über die Teilnahmen am Qualifizierungskurs für ehrenamtlich tätige Frauen zum Thema „Häusliche Gewalt".

Kapitel 3
Ganz in Blau
(Aus meiner Biographie)

Jutta, meine spätere Ehefrau, lernte ich am 9. Februar 1966 bei einem Karnevalsfest der Pädagogischen Hochschule Bonn kennen. Ich fand sie vom ersten Augenblick an faszinierend. Sie hatte lange blonde Haare. Ein blaues Tuch hatte sie als Gewand so drapiert, dass es mich an einen Sari erinnerte, die klassische Kleidung der Inderinnen.

Ein indischer Freund hatte mich überredet, auf diesen Ball mitzukommen. Mir stand eigentlich nicht der Sinn nach Feiern, weil ich mich gerade von meiner ersten Freundin getrennt hatte. Auch Jutta kam allein. Als Begleiter für sie war ein indischer Arzt eingeladen worden. Er verspätete sich aber an diesem Abend aus dienstlichen Gründen um zwei Stunden. So traf ich auf Jutta. Wir unterhielten uns und tanzten miteinander. Als der Arzt auftauchte, waren wir bereits ineinander verliebt. Ich verbrachte den ganzen Abend mit ihr. Wir fühlten uns sehr wohl.

Von da an trafen wir uns regelmäßig. Es war für mich eine neue Erfahrung, Gefühle von solcher Intensität zu haben.

Bild 17: Jutta und Hasmukh

Sie studierte Französisch und Geschichte und hatte ein Zimmer in Bonn. Sehr bald lernte sie meine indischen Freunde und meine deutsche Familie in Bad Godesberg kennen. Wir unternahmen sehr viel. Wir kochten international im Studentenwohnheim. Wir aßen mit der Clique in Restaurants. Wir gingen ins Kino und zu kulturellen Veranstaltungen. Wir machten Ausflüge in die nähere und weitere Umgebung.

Jutta und ich, wir waren beide nicht so gestrickt, dass wir eine unverbindliche und oberflächliche Affäre eingegangen wären. Schon nach wenigen Monaten spürten wir, wie tief unsere gegenseitige Zuneigung war. Wir begannen vorsichtig, über das Thema „Heirat" zu sprechen. Wir ahnten, dass schwere Auseinandersetzungen und Kämpfe auf uns zukommen würden. Die Reaktion unserer Eltern war wie erwartet: Ablehnung, Enttäuschung, Ärger und Traurigkeit.

Mein Vater schrieb:

Hasmukh, *10. 9. 1966*

Die Entscheidung, die du getroffen hast, ist falsch. Du bist volljährig und kannst eigene Entscheidungen treffen. Aber du solltest dich gleichzeitig an die Umstände erinnern, unter denen ich dich nach Deutschland geschickt habe. Du kanntest und kennst auch jetzt unsere Lebenssituation. Du kannst auch jetzt noch deine Entscheidung revidieren.

Wenn du sagst, dass nur Jutta dich glücklich machen kann, antworte ich, dass es viele Inderinnen gibt, die sie übertreffen. Ich schreibe diesen Brief mit Tränen in den Augen. Bedenke, wenn du Jutta heiratest, ist unsere Verbindung zerbrochen. Ich werde nicht mehr schreiben, ich werde mich nicht mehr um dich sorgen und mich nicht mehr um dich kümmern. Deine

Mutter teilt meine Auffassung. Wir haben dir das Leben gegeben, das ist nun das Ergebnis.

Auf der einen Seite stehen deine Eltern, auf der anderen Jutta. Entweder du liebst Jutta oder deine Eltern. Wenn du Jutta liebst, vergiss uns. Von diesem Moment an bist du für uns tot.

Was immer auch geschieht, wir beten trotzdem darum, dass du in deinem Leben glücklich wirst.

Dayalal

Einige Monate später schrieb er einen zweiten Brief. Darin stand unter anderem:

Lieber Hasmukh,   *16. 1. 1967*

Was deinen Plan betrifft, Jutta zu heiraten, habe ich mir viele Gedanken gemacht und will dir nicht im Weg stehen. Was auch immer ich zuletzt geschrieben habe, es geschah in gutem Glauben und nicht mit der Absicht, dich zu verletzen. Jedermann wünscht sich doch nur das Beste für seine Kinder.

Wir wollen, dass ihr beide nach dem Studium nach Indien kommt, um hier den Menschen zu helfen.

In Liebe
    Dein Vater Dayalal

Im November 1966 schrieb meine Mutter einen ersten Brief an Jutta:

29. 11. 1966 *Mumbai*

Liebe Jutta,
Es ist erstaunlich, dass du unseren Sohn, auf den wir so stolz sind, erobert hast. Du bist wirklich eine Glücksfee. In unserer Kaste hätten die Mädchen gerne einen solchen Jungen genommen. Du hast großes Glück, so einen intelligenten, gut aussehenden und großzügigen Mann zu heiraten.

Dazu gratulieren wir dir herzlich und wünschen alles Gute in der Zukunft. Ich hoffe, du respektierst unsere Religion und akzeptierst unsere Familie. Du sollst dich bei uns wohlfühlen.

Wir hoffen, dass ihr alles tun werdet, um die Ehe glücklich zu gestalten. Mein Sohn ist wie ein Juwel. Bitte versuche, ihn so zu behandeln, dass er dir lebenslang Freude bereitet.
Wenn du darüber nachgedacht hast, schreibe mir deine Meinung.
In Erwartung deiner Antwort,

Mummy

P.S.: Pass auf ihn auf und lass nicht zu, dass er sein Studium vernachlässigt

Juttas Familie reagierte auf unsere Heiratspläne ähnlich. Juttas Vater war 1965 gestorben. Sie hatte keine Geschwister. Ihre Mutter war entsetzt darüber, dass ihre einzige Tochter einen Ausländer heiraten und vielleicht für immer nach Indien gehen würde. Sie sah nur Schwierigkeiten und Konflikte voraus. Die Ehe war für sie zum Scheitern verurteilt. Als ihr Einspruch nichts nützte, entzog sie ihrer Tochter die finanzielle Unterstützung. Meine Freundin war empört über diesen, wie sie es nannte, Erpressungsversuch, und brach die Verbindung zu ihrer Mutter ab. Ihren Unterhalt finanzierte sie fortan mit ihrer halben Waisenrente und einer Bürotätigkeit in den Semesterferien. Ungefähr ein Jahr dauerte es, bis Mutter und Tochter sich wieder annäherten.

Wir nahmen unseren Familien ihre ablehnende Haltung aber nicht übel. Im Gegenteil, wir verstanden die Gründe und teilten selbst die Bedenken. Wir wussten, dass beträchtliche Schwierigkeiten auf uns zukommen würden.

Nachdem aber beide Familien unsere Heirat akzeptiert hatten, waren sie auch bereit, mit Zuneigung und Toleranz auf ihre Schwiegerkinder zuzugehen. Meine Schwiegermutter schätzte mich immer mehr, je länger sie mich kannte. Sie nahm regen Anteil an meinen beruflichen Erfolgen und war stolz auf mich. Auch meine Eltern verstanden sich gut mit Jutta. Sie mochten und respektierten sie. Diese Haltung beruhte auf Gegenseitigkeit.

Wir schätzten an unseren Eltern, dass sie sich nie in unsere ehelichen Probleme einmischten. Wenn sie Differenzen am Rande miterlebten, sagten sie manchmal ihre Meinung oder erteilten gelegentlich einen Ratschlag. Aber sie ergriffen niemals Partei und überließen die Lösung uns. Das ersparte uns die Verteidigung, Erklärung oder Rechtfertigung vor dem einen oder anderen Elternteil. Wir brauchten uns nicht bedrängt zu fühlen und konnten uns auf uns selbst konzentrieren.

Im Mai 1968 sollte meine Schwester Usha heiraten. Sie hatte sich in einen jungen Musiker verliebt, der als Geiger in einem berühmten Orchester spielte. Dessen Dirigent, Jaikishan, war mit meinem zukünftigen Schwager verwandt. Die Familie hatte eine Reihe musikalischer Begabungen vorzuweisen. Jaikishan selbst komponierte und dirigierte die Musik in zahlreichen bekannten Hindifilmen.

Meine Eltern waren gegen die Heirat, weil Suresh einer anderen Kaste angehörte. Aber meine Schwester kämpfte für ihre Liebe mit dem Argument, dass auch ihr ältester Bruder (ich) „Outcast" heiraten wollte. Damit entkräftete sie jeden Widerstand seitens der Eltern. Da ich mit dem Studium fertig war und der Termin für Ushas Heirat feststand, wünschte mein Vater, dass ich mit meiner deutschen Freundin zur Hochzeit kommen sollte. Jutta und ich flogen gemeinsam nach Mumbai.

Sie blieb vier Wochen, ich, nach meiner langjährigen Abwesenheit, etwa drei Monate. Es wurde ein krisen- und konfliktreicher Aufenthalt. Das Klima im Mai war mörderisch: 40°C bei hoher Luftfeuchtigkeit. Hinzu kamen der Smog, der Schmutz und die Menschenmassen der Riesenstadt.

Bild 18: Jaikishan, Jutta und Hasmukh

Nicht zu vergessen die Umstände einer indischen Hochzeit: Hunderte Gäste, Wunsch- und Pflichtbesuche bei Familienangehörigen und Freunden, der Schock einer fremden Kultur, mit dem Jutta zu kämpfen hatte und dessen Auswirkungen ich ausbaden musste, da sie ihren Frust bei mir ablud. Ich saß gewissermaßen zwischen zwei Stühlen. Auf der einen Seite gab es die Erwartungen meiner Familie, auf der anderen Juttas Schwierigkeiten mit der Situation.

Sie erlebte Indien anders als ein normaler Tourist. Sie sah sich in einer Zwangsjacke von Verpflichtungen und Rücksichtnahmen. Sie konnte nicht in irgendwelche „Schonbereiche" flüchten.

Eine weitere Schwierigkeit bestand darin, meinen Eltern zu erklären, dass wir in Deutschland bleiben und nicht nach Indien ziehen wollten. Schwierig war dies deshalb, weil in Indien in der Regel der älteste Sohn die Alters- und Sozialversicherung der Eltern übernimmt. So musste es Vater und Mutter vorkommen, als hätten sie mich an Deutschland und Jutta verloren. Ich sehe meinen Vater noch vor mir und höre seine Worte: „Nie hätte ich geglaubt, dass ich im Alter einsam und verlassen sein würde!" Es war ein harter Schlag für meine Eltern. Es dauerte lange, bis sie die neue Realität akzeptieren und verstehen konnten. Schon damals begriff ich, was ich meinen Eltern abverlangte. Sie leisteten viel an Toleranz und Verzicht.

Nachdem Jutta heimgeflogen war, erbat sie sich von mir eine Bedenkzeit hinsichtlich unserer Heirat. Sie hatte das Schockerlebnis Indien noch nicht verkraftet. Wir mussten viele und lange Diskussionen führen, bis sie sich endlich klar entscheiden konnte.

Dann beschlossen wir, uns 1969 zu verloben. Wir planten eine kleine Feier im Rahmen ihres Geburtstages am 26. Dezember. Dazu luden wir ein befreundetes Paar und meinen Bruder Dilip ein, der damals in England arbeitete. Wir feierten in der Odenkirchener Wohnung, bei Juttas Mutter. Nach dem Kaffeetrinken steckten wir uns gegenseitig die Ringe aus Gold an, die wir in Bonn ausgesucht und gekauft hatten. Erst vor der Hochzeit ließen wir Namen und Hochzeitsdatum eingravieren. Der Ring gilt seit Urzeiten als Symbol der Liebe, der Verbundenheit, der Zusammengehörigkeit, der Einheit und Treue, weil er keinen Anfang und kein Ende hat.

In Indien kennt man den Ehering aber nicht. Bei einem Mann sieht man daher nicht, ob er verheiratet oder ledig ist. Die Frau hingegen trägt ein Mangalsutra, ein Collier aus goldenen und schwarzen Perlen. Es wird ihr vom Ehemann geschenkt und gilt als Symbol der ewigen Bindung. Außerdem kennzeichnet sie sich mit dem „Sindur", einem Streifen aus rotem Puder am Haaransatz oder dem „Bindi", einem roten Punkt zwischen den Augenbrauen. Witwen dürfen kein Bindi mehr tragen. Heutzutage hält man sich nicht mehr so streng an die Traditionen. Viele moderne Mädchen und Frauen betrachten den roten Punkt als rein modischen Schmuck.

Bild 19: Verlobung in Odenkirchen

Am 30. Juni 1970, nach Juttas Staatsexamen, heirateten wir standesamtlich in Bad Godesberg. Trauzeugen waren mein deutscher Bruder Wolfram Schubert und Pater Dr. Bernhard Neumann, ein Verwandter von Jutta. In den siebziger Jahren musste man als Katholik für die kirchliche Trauung noch einen bischöflichen Dispens beantragen, wenn die Wahl auf einen Nichtchristen gefallen war. Für uns war die religiöse Eheschließung wichtig. Als Hindu hatte ich, vom Toleranzgedanken her, keine großen Probleme, in die christlichen Forderungen einzuwilligen. Gleichwohl hätte ich eine traditionelle Hinduhochzeit bevorzugt. Um dennoch einen indischen Anteil in die Heiratsrituale einzubringen, hängten wir uns nach der standesamtlichen Trauung, im Kreis unserer Gäste, Blumengirlanden um den Hals. Meine Mutter segnete uns.

Bild 20: Blumengirlanden nach der standesamtlichen Trauung

Nachmittags fand dann die kirchliche Trauung in der Krypta des Bonner Münsters statt. Pater Dr. Dr. Pauels, der Jutta als langjähriger väterlicher Begleiter sehr nahe stand, traute uns.

Bild 21: Kirchliche Trauung

Er sollte später auch unsere Kinder taufen. Ich hatte Dr. Faßbender, meinen damaligen chirurgischen Chef in Rheinbach, gebeten, bei der Feier als Stellvertreter meines Vaters anwesend zu sein. Er sagte bereitwillig zu und hielt eine warmherzige Rede. Wir hatten etwa 40 Gäste eingeladen: Verwandte und Freunde. Wir feierten auf der Godesburg.
Schon vor der Hochzeit hatten wir eine gemeinsame Wohnung gesucht und sie in der Dahlienstraße in Rheinbach gefunden. Mit der finanziellen Hilfe meiner Schwiegermutter richteten wir sie komplett ein. So konnten wir an unserem Hochzeitstag ein neues Heim beziehen. Es enthielt auch ein Gästezimmer für meine Mutter. Ich war glücklich, dass sie zur Hochzeit gekommen war. Für beide Eltern wären Flug und Aufenthalt zu teuer geworden. Da mein Vater mich schon einmal besucht hatte, sollte nun meine Mutter an der Reihe sein. Es war ihr erster Besuch im Westen. Sie blieb drei Monate. Nach der Hochzeit brachen wir mit meiner Mutter zu einer Reise nach Nordfrankreich, Paris und Brüssel auf. Ich freute mich und empfand Genugtuung darüber, dass ich ihr Europa zeigen konnte. (1)

Im Jahre 1965 unternahm Jutta mit einer Gruppe eine vierwöchige Reise in den Mittleren Osten. Sie lernte Ägypten, Syrien, Jordanien, den Libanon und Israel kennen. Es war ihre erste Begegnung mit dem Orient. Sie war so fasziniert und begeistert, dass sie in Erwägung zog, nach dem Studium für längere Zeit als Lehrerin an eine deutsche Schule in Jerusalem zu gehen.

Deshalb unternahm sie später nicht gerne Fernreisen. Erst fast nach 30 Jahren flog sie nach Nordindien. In dieser Zeit veränderte sich ihre Einstellung zu Indien und sie sah das Land mit anderen Augen.

Jutta liebte die westfriesischen Inseln an der Nordsee sehr und deshalb haben wir oft Reisen nach Langeoog, Juist und Texel in Holland mit den Kindern unternommen. Zum Schluss fuhren wir regelmäßig nach Texel.

Ein wesentlicher Aspekt von Juttas Leben war, solange sie sich zurückerinnern konnte, meditative Wahrnehmung.
Schon als Kind hatte sie bewusst und intensiv Farben, Formen, Töne und Gerüche aufgenommen, die sich zu atmosphärischen Erfahrungen verdichteten.

Mittels dieser Sensibilität entwickelte Jutta eine meditative und dadurch lebendige Beziehung zu Natur und Kunst (Malerei, Architektur, Bildhauerei, Musik, Lyrik), die ihr Leben sehr bereicherte.

Als Kind und junges Mädchen hatte sie ihre Interessen eher spontan und intuitiv gelebt, sie mit zunehmendem Alter aber immer bewusster durch praktisches Üben im religiös-spirituellen Raum (Meditation) und theoretische Hintergrundinformation weiterentwickelt.

Meditation im weitesten Sinn war eine ihrer stärksten Kraftquellen in schwierigen wie bedrückenden Situationen. Sie bedeutet gleichzeitig den notwendigen Ausgleich zum Tun und Handeln.
Jutta war sehr aktiv und kreativ. Sie kam durch Zufall vor einigen Jahren an das Fotografieren. Bei ihren Ausflügen mit dem Fahrrad oder bei den ausgiebigen Spaziergängen in der herrlichen Nordeifel fand sie immer wieder interessante Motive aus unentdeckten Blickwinkeln.

Ihre Fotografien über die Eifel und Venn wurden 1982 im Rahmen einer Ausstellung im Krankenhaus in Simmerath gezeigt. Sie führte danach mehrere Ausstellungen durch.

Im Jahre 1992 stellte sie mit weiteren sieben Künstlern aus dem Monschauerland ihre Fotos und Bilder in den Sparkassen in Alsdorf, Baesweiler, Herzogenrath und Würselen aus.

Zu ihren Hobbies gehörten auch Malerei, Enkaustik (eine traditionsreiche Maltechnik für das Malen mit Wachs), Musik, Erstellung von Fotokarten, Bilder und Herstellung von Broschen aus Fimo.

Bild 22: Enkaustik Malerei mit heißem Wachs

Nach ihrer Ausbildung als Gestalttherapeutin und NLP leitete sie mehrere Gesprächskreise für Trauernde. Außerdem hielt sie mehrere Seminare zum Thema Palliativmedizin, Pflege und Begleitung.

Seit 1992/1993 führte sie, als ehrenamtliche Mitarbeiterin der Telefonseelsorge Aachen-Eifel, selbständig telefonische Beratungsgespräche. Außerdem war sie in der Beratungsstelle „Frauen helfen Frauen" tätig. Schließlich übernahm sie auch die Beratungen für den Förderkreis „Hilfe für krebskranke Kinder" in Aachen. Zum Schluss führte sie auch eine Privatpraxis in unserem Haus auf Zuweisung niedergelassener Ärzte. Die beratende Tätigkeit machte ihr viel Freude. Aus eigener Erfahrung wusste sie, wie hilfreich und notwendig einfühlsame und unterstützende Begleitung sein kann.

Sie war sympathisch, liebevoll, offen für alles und spontan. Ihre Wärme, ihre Begeisterungsfähigkeit, ihr unermüdlicher Wissensdrang, die Bereitschaft anderen Menschen zuzuhören, ihre Einfühlsamkeit, Partnerschaftlichkeit, Ehrlichkeit und Fähigkeit Schwäche zu zeigen, waren besondere Stärken von ihr.

Sie hasste es, wenn man ihr ironische Antworten gab oder sich hinterhältig verhielt. Arroganz, Eitelkeit, nicht zuhören zu können, Konkurenzhaltung, autoritäres Gehabe und Phrasendreschen waren Eigenschaften, die nicht ihrem Wesen entsprachen.

Kapitel 4
Geburt und Tod
(Aus meiner Biographie)

Sunita

Unser erstes Kind wurde an unserem zweiten Hochzeitstag, dem 30. Juni 1972, um 9.45 Uhr, im Rheinbacher Krankenhaus geboren.

Die Schwangerschaft war kompliziert gewesen. Jutta hatte fünf Monate lang ruhig liegen müssen, um einer Fehlgeburt vorzubeugen. Die letzten Wochen verliefen normal. Ich war bei der Geburt anwesend. Da ich bereits selbstständig eine Reihe von Geburten bei Patientinnen durchgeführt hatte, war ich selbstverständlich viel weniger aufgeregt als ein medizinischer Laie. Beim Durchtritt des Kopfes führte ich eine kurze Narkose durch. Das Kind war ein Mädchen. Sie schrie nach dem ersten Atemzug. Ich hielt sie nach dem Abnabeln im Arm. Dann legte ich sie meiner Frau auf den Bauch.

Sie war 52 cm groß, 3380 g schwer, hatte blaue Augen und dichte schwarze Haare, die bis in die Stirn wuchsen. Sie war wunderschön. Ich war so glücklich und stolz, dass ich es allen Ärzten und Schwestern der Station verkündete. Ich lud sie alle in Juttas Zimmer zu einem Glas Sekt ein.

Anschließend telefonierte ich nach Indien, um die frohe Nachricht weiterzuleiten. Meine Eltern informierten Verwandte und Freunde. Sie verteilten als Ausdruck ihrer Freude Süßigkeiten.

Getauft wurde unsere Tochter bei uns in Rheinbach von Pater Dr. Dr. Pauels auf die Namen Sunita (indisch) und Nicole (europäisch). Die Taufe fand am 23. Juli 1972 statt. Taufpaten waren Dr. Ursula Geller und Marie Odile Eck, die langjährige französische Freundin meiner Frau.

Sunita war ein wunderbares Baby, ein bildhübsches Mädchen. Nachts weinte sie viel und hielt meine Frau immer auf Trab. Vor allem beschäftigte sie sich mit Puppen. Sie spielte gerne kleine Rollenspiele, bei denen sie, perfekt in Tonfall und Gestik, Frauen unseres Bekanntenkreises imitierte, weil sie irgendwie von ihnen beeindruckt war. Man erkannte nach wenigen Minuten, um wen es sich handelte. Meine Frau sah sich so gezwungen, ganze Nachmittage in Unterhaltung mit Damen zu verbringen, die Sunita unermüdlich darstellte und die meine Frau tödlich langweilten.

Unsere Tochter liebte auch die Weihnachtszeit, mit den üppigen Dekorationen und der Musik. Das hieß für uns: Ab dem ersten Advent liefen stundenlang Kassetten mit Weihnachtsliedern. Es wäre schön gewesen, wenn wir uns spätestens Ende Januar von der „Stillen Nacht" hätten verabschieden können. Aber Sunita vermochte sich nicht so leicht davon zu lösen. Also lauschten wir manchmal bis Mitte August Weihnachtsliedern, wie „Leise rieselt der Schnee" oder „O Tannenbaum".

Begeistert war Sunita dann über die Neuankömmlinge, ihre beiden Brüder. Das Wickeln, Baden und Füttern wollte sie nicht versäumen. Mit ihren Puppen spielte sie alles nach. Bei Ajays Geburt war sie schon alt genug, um ihn selbst versorgen zu können. Meine Frau beschwerte sich ab und zu scherzhaft, sie müsse Sunita um Erlaubnis fragen, wenn sie ihren Sohn auf den Arm nehmen wolle. Im Alter von acht Jahren konnte man sie bereits einige Stunden mit Anil und Ajay allein lassen. Sie langweilten sich nie. Sunita achtete auf mögliche Gefahren. Die Jungen gehorchten ihr und liebten sie sehr.

Es kam erst zu Problemen, als Sunita sich in der Pubertät Freundinnen zuwandte und von ihren Brüdern abrückte. Anil und Ajay verstanden das nicht. Vor allem Anil lief zunächst wie ein Hündchen hinter den Mädchen her. Er wurde aggressiv, als er begriff, dass er nicht erwünscht war. Er entwickelte unschöne Strategien, um sich an seiner Schwester zu rächen. Als die Jungen älter wurden, näherten sie sich Sunita wieder an. Glücklicherweise wuchsen Freundschaft und Vertrauen neu zwischen ihnen.

Für Sunita standen familiäre und freundschaftliche Bindungen im Mittelpunkt. Ihre Lehrer stellten lobend fest, dass sie niemals andere Kinder ablehnte oder ausstieß, sondern sie immer in ihre Gruppe integrierte. Soziale Beziehungen bedeuteten ihr viel. Dagegen war ihr schulischer Ehrgeiz bescheidener. Ihr Interesse galt vornehmlich der Musik, dem Lesen und dem Tanzen. Das ist in mancher Hinsicht bis heute so geblieben.

Vor allem liebte sie den Tanz. Seit ihrem 10. Lebensjahr besuchte sie Ballettschulen. Zeitweise spielte sie mit dem Gedanken, das Hobby zum Beruf zu machen. Da ich diese Neigung unterstützte, fuhr ich mehrere Male mit ihr zu Workshops nach Dortmund und Stuttgart. Sie dauerten in der Regel eine Woche und wurden von namhaften Lehrern geleitet. Wir waren begeistert von der Atmosphäre, der Kreativität und der Disziplin, die bei den Veranstaltungen herrschte. Am Ende eines anstrengenden Tages war sie allerdings geschafft und freute sich darauf, mit mir italienisch essen zu gehen.

Diese gemeinsamen Unternehmungen verbanden uns sehr. Ich war stolz auf meine tanzende Tochter.

Sunita und Michael heirateten am 9. Mai 1999 standesamtlich, am 22. Mai dann auch kirchlich. Wir hatten mehr als 120 Gäste aus dem In- und Ausland eingeladen. Aus Indien kam mein Vater, der damals bereits 80 Jahre alt war. Meine Mutter hatte einen Herzinfarkt erlitten. Die Ärzte erlaubten ihr daher nicht, nach Deutschland zu fliegen.

Als indischer Vater, der seine einzige Tochter verheiratet, wollte ich die gesamte Hochzeitsplanung selbst in die Hand nehmen. Ich wäre am liebsten mit Sunita nach Indien geflogen, um dort für ihre Aussteuer Goldschmuck anfertigen zu lassen, so wie es üblich war. Doch ich musste erkennen, dass meine Wünsche mit jenen meiner Tochter durchaus nicht übereinstimmten. Sie und Michael wollten das Fest nach ihren Vorstellungen gestalten. Meine Frau musste manchmal vermitteln, um Kompromisse auszuhandeln. Es wurde aber eine große und schöne Hochzeitsfeier, die wir alle genossen und an die wir noch heute gerne zurückdenken.

Bild 23: Sunita und Michael als Brautpaar

Sie heiratete einen Mann, den wir als Schwiegersohn sehr schätzten. Inzwischen arbeitet sie nicht mehr in ihrem gelernten Beruf als Konditorin, sondern als Tagesmutter, eine Tätigkeit, bei der sie ihre Zuneigung zu Kindern gut einbringen kann.

Sunita und Michael haben seit Jahren eine wunderschöne

schwarz-weiße Hündin. Sie heißt Lina – die Namensumkehrung von Anil. Manchmal machen wir Hunde-Sitting. Wir erfreuen uns also an einem Tier, ohne dass wir die Pflichten übernehmen müssen.

    Wenn Lina bei uns ist, gehe ich sogar freiwillig mit ihr spazieren. Ansonsten erfinde ich meist Ausreden, um zuhause bleiben zu können: Ich behaupte, dass es zu kalt, zu windig, zu heiß sei – oder es regnet und schneit zu viel.

Anil

In Kommern wurde am 14. Oktober 1975 unser zweites Kind, Anil Michael, geboren. Auch diese Schwangerschaft war mit Komplikationen verbunden. Der Gynäkologe befürchtete eine Bauchhöhlenschwangerschaft, was sich aber glücklicherweise als Irrtum herausstellte. Trotzdem musste meine Frau mit Blutungen ins Krankenhaus. Das Kind wurde gehalten, aber sie musste wieder bis zum 6. Monat liegen. Meine Mutter war in dieser Zeit bei uns. Sie war eine große Hilfe.

Anil war ein zufriedenes Baby, das die Nächte durchschlief und wenig weinte. Er hatte große blaue Augen und blonde Haare, die innerhalb weniger Monate nachdunkelten. Sunita beschäftigte sich kontinuierlich und ausgiebig mit ihm. Sie wurde nach der Mama seine wichtigste Bezugsperson. Sobald er halbwegs sprechen konnte, befolgte er bereitwillig Sunitas Anweisungen. So sagte sie ihm etwa: „Du bist jetzt ein Hund.", daraufhin antwortete er: „Wau! Wau!". Er war derart auf ihre Person fixiert, dass er sich später im Kindergarten nicht allein beschäftigen konnte. Stets wartete er auf Vorschläge und Hilfestellungen beim Spiel.

Erst im Alter von acht Jahren, als sich seine Schwester mehr ihren Freundinnen zuwandte, begann er selbständig und kreativ zu spielen und eigene Freunde um sich zu sammeln.

Er mochte leidenschaftlich gerne Paradiescreme mit Schokoladengeschmack. Als er sechs Jahre alt war, konnte er sie schließlich selbst zubereiten. Er schüttete das Pulver in die abgemessene Milchmenge und verrührte es mit dem Handmixer zu einer Creme. Wenn die Milch aufgebraucht war, nahm er aber auch mit dem bloßen Pulver vorlieb, das er dann mit dem Löffel aß. Meine Frau fand häufig Packungen, die er, nachdem sie leer waren, unter das Bett geworfen hatte. Eines

Abends waren wir mit dem Auto auf dem Heimweg. Er fragte, wie es im Himmel sei. Jutta versuchte, mit einfachen Beispielen einen seligen Zustand zu erklären. Sie sagte schließlich, im Paradies würde die Sehnsucht gestillt und alle Wünsche würden erfüllt. Er schwieg eine Weile. Dann fragte er: „Gibt es da auch Paradiescreme?" „Wenn du dir Paradiescreme so sehr wünschst, bekommst du sie im Himmel bestimmt", antwortete meine Frau. Wieder nachdenkliches Schweigen. Dann brach es aus ihm heraus: „Aber die haben dort bestimmt keinen elektrischen Handmixer!"

Er hatte einen ausgeprägten Eigenwillen, der sich in seiner heftigen Trotzphase zeigte. Ab dem zweiten Lebensjahr zählten „Nein" und „Ich will nicht" zu seinen bevorzugten Antworten. Als er älter wurde, entwickelte er ein ausgeprägtes Empfinden für Gerechtigkeit und Respekt. Er wollte als Kind von den Erwachsenen ernst genommen und nicht autoritär abgewimmelt werden. Fühlte er sich schlecht behandelt, reagierte er konfrontativ bis aggressiv.

Manchmal war er auch ehrlicher und spontaner, als uns lieb war. Eines Abends hatten wir Besuch. Es gab indisches Essen, natürlich mit Gewürzen. Einem der Gäste fiel etwas davon auf den hellen Teppichboden. Es war ihm sehr peinlich. Meine Frau bemühte sich, ihn zu beruhigen. Anil hatte die Szene aufmerksam beobachtet. Er erhob seine Stimme: „Wenn uns das passiert wäre, Mama, hättest du nicht gesagt, dass es nicht schlimm ist. Mit uns hättest du geschimpft. Aber Gäste dürfen ja alles."

Er interessierte sich für Tiere, besonders für Raubkatzen und Hunde. Gerne wollte er Tierpfleger oder Schafhirte werden. Jutta schenkte ihm einen zitronengelben Wellensittich, der bis zu seinem Tod sein Zimmergenosse war. Kiki hatte sogar sprechen gelernt und imitierte Vogelstimmen. Oft klopften Meisen und Buchfinken an die Fensterscheibe, um mit dem Vogel, der sie von innen rief, Kontakt aufzunehmen.

Alle unsere Kinder liebten Tiere. Wir hatten immer verschiedene Kleintiere, vom Hamster über Vögel bis zu Zwergkaninchen. Letztere wuchsen sich zu Riesenkaninchen aus. Anlässlich der Stallreinigung ergriffen sie schon mal die Flucht. Eines Samstags hetzte ich mit meiner Frau hinter zwei Tieren her, um sie wieder einzufangen. Es regnete in Strömen. Wir kletterten sogar über Zäune und durchquerten nachbarliche Gärten, bis wir sie endlich erwischten.

Wir diskutierten immer wieder über die Anschaffung eines Hundes, schreckten jedoch vor der langfristigen Bindung und Verantwortung zurück. Die Kinder wünschten sich brennend einen Hund. Die Hauptarbeit aber wäre an meiner Frau hängen geblieben. Beim Besuch eines Schlittenrennens mit Huskys nahmen wir Kontakt zu Züchtern in Kalterherberg auf. Wenn man erst einmal einen Welpen im Arm gehalten hat, ist man schon fast „weichgeklopft". Den ganzen Sonntagabend saßen wir zusammen und überlegten, wie wir Haus und Garten für einen jungen Husky herrichten könnten. Zum Kummer der Kinder scheiterte der Plan jedoch daran, dass meine Frau sich, auf die Warnung einer Freundin hin, Literatur über die Haltung von Schlittenhunden besorgte. Nach dieser Lektüre erfolgte das Aus für den Husky.

Welch ein Glück, dass sich unsere Nachbarn einen Welpen angeschafft hatten. Anil war hellauf begeistert. Jeden Tag spielte er mit dem jungen Hund und führte ihn spazieren. Falco wurde sein bester Freund. Wenn die Besitzer über das Wochenende wegfuhren, übernahm er verantwortungsbewusst die Pflege für den Hund. Er kannte sich schließlich so gut mit Hunderassen und Hundehaltung aus, dass seine Biologielehrerin glaubte, wir wären Hundebesitzer.

Ebenso wie seine Schwester hatte er die Gabe, andere in Ton und Gestik imitieren zu können. Dies brachte uns, in Verbindung mit seinem Witz, oft zum Lachen. Gerne heckte er Streiche aus, vor allem mit Tom, einem jüngeren Freund, der immer für Abenteuer zu haben war. Eines Tages verklebten sie einer Nachbarin die Sprechanlage an der Haustür mit einem Kilo frischem Goudakäse. Die Dame war verständlicherweise mehr als verärgert. Die beiden Jungen entschuldigten sich mehrmals bei ihr. Kein Wunder, dass er auch die Geschichten vom rothaarigen Kobold Pumuckl sehr liebte.

Ajay

Unser jüngster Sohn Ajay Markus wurde am 15. Juli 1979 in Simmerath geboren. Er war ein ungeplantes Kind. Meine Frau entdeckte, dass sie schwanger war, als die Flugkarten für unseren Indienflug eingetroffen waren. Wir wollten im Dezember 1978 mit Anil, Sunita und meiner Schwiegermutter zur Hochzeit meines jüngsten Bruders nach Mumbai fliegen. Da Jutta von ihrem ersten Indienaufenthalt her wusste, was sie in jenem Land erwartete und gerade zwei komplizierte Schwangerschaften hinter sich hatte, wollte sie nicht mitkommen.

Doch allein in Simmerath zu bleiben, war ihr auch nicht recht. Wenigstens Anil wollte sie bei sich behalten. Da meine Schwiegermutter nicht den Mut aufbrachte, ohne ihre Tochter das Abenteuer Indien zu wagen, musste ich nun drei Tickets stornieren. Ich nahm nur Sunita mit. Sie war knapp sechs Jahre alt.

Die Schwangerschaft verlief normal, die Geburt rasant. Der Gynäkologe rief meiner Frau zu: „Nicht so schnell, langsamer pressen!" Jutta konnte darauf nicht reagieren. Wehe folgte auf Wehe. Jutta hatte meine Hand gepackt. Sie zerdrückte mir fast die Finger. Ich sprang vor Schmerzen auf und ab. Schließlich rief ich: „Lass mich los! Lass mich los!" Doch sie sah und hörte nichts. Sie hielt mich eisern im Griff. Mit einer einzigen Presswehe wurde Ajay geboren. Kaum war er draußen, waren die Schmerzen meiner Frau wie weggeblasen. Sie ließ meine Hand fallen.

Ajay war ein zartes Baby und anfällig für jede Art von Infektion. Er bekam alle Kinderkrankheiten und zwar in der schlimmsten Form. Sein Immunsystem stabilisierte sich erst, als er mit acht Jahren dem Fußballverein der Hansa beitrat.

Ansonsten war er pflegeleicht. Er schrie nicht viel. Man konnte ihn ohne Risiko überall mitnehmen. Meine Frau besuchte mit ihm manchmal Museen oder Ausstellungen. Sie legte ihn dort auf eine Decke am Boden. Er vergnügte sich dann mehrere Stunden mit seinem Spielzeug, ohne zu stören oder Lärm zu machen.

Anil und Ajay hatten das, was man ein „Ballgefühl" nennt. Sie waren gute Fußball- und Tischtennisspieler. Mit acht Jahren traten sie dem Fußballverein der Hansa bei. Von da an verbrachten wir unsere Samstage und Sonntage häufig in Turnhallen und auf Sportplätzen, um die beiden mit ihrer Mannschaft anzufeuern oder sie zu trösten, wenn sie verloren hatten. Auch in unserer Siedlung fanden sich alle Jungen zum Fußball zusammen. Manchmal spielten sie sogar auf dem Sportplatz der Hauptschule mit den alten Herren. Wenn der Sportplatz nicht zur Verfügung stand, wurde unser Garten zum Fußballplatz umfunktioniert. Der Rasen litt darunter aber erheblich. Wo das Tor stand, wuchs im wahrsten Sinne des Wortes kein Gras mehr. Jahre später pflanzte meine Frau auf dem kahlen Fleck einen Holunderstrauch.

Zwar spiele ich selbst nicht Fußball, aber ich bin ein leidenschaftlicher Zuschauer, auch vor dem Fernseher.

Das Interesse an Sport verband mich mit den Jungen, auch die Begeisterung für Tennis.

Ihre Idole waren Boris Becker und Ivan Lendl. Anil und Ajay trugen stolz den Ivan-Lendl-Sportdress (ein Weihnachtsgeschenk) und Schuhe von Adidas. Sie übten unermüdlich. Stunde um Stunde donnerten die Bälle an die Garagenwand oder an eine Zwischenwand im Keller. Wir befürchteten manchmal, die Stabilität des Hauses könne Schaden nehmen. Ich meldete sie im Tennisverein an und ließ sie Einzelstunden nehmen. Anil war Linkshänder. Ajay hingegen schlug und parierte wechselseitig mit der rechten und linken Hand. So brachten sie ihre Gegner gehörig aus der Fassung. In diesen Jahren spielte ich häufig mit den Kindern. Zu ihrer Freude verlor ich meistens.

Ajay hatte sich als Einziger von den Dreien von Kindheit an für Medizin interessiert. Er spielte mit Playmobil- und Legofiguren Notarzt und Krankenpfleger. Er hatte sich von mir Verbände und ein altes Stethoskop geholt und war für seine Plüschtiere der Anästhesist.
Er schleppte Medizinbücher an und ließ sich von mir erklären, wie Narkosegeräte funktionieren.
Dieses Interesse blieb. Als Jugendlicher machte er eine Sanitätsausbildung beim Deutschen Roten Kreuz. Nach dem Schulabschluss absolvierte er die zweijährige Ausbildung zum Rettungsassistenten. Als er einberufen werden sollte, verweigerte er den Militärdienst und leistete seinen Ersatzdienst beim DRK im Rettungsdienst.

Bild 24: Ajay beim DRK

Im Anschluss an die Lehre als Rettungsassistent begann er eine Ausbildung als Krankenpfleger im Malteserkrankenhaus in Simmerath. Sein Praktikum leistete er in der Psychiatrie.

Dies faszinierte ihn derart, dass fortan für ihn feststand: Er würde nach dem Examen in psychiatrischen Abteilungen arbeiten. Ich versuchte ihm andere Berufsmöglichkeiten schmackhaft zu machen, zum Beispiel den Dienst als Anästhesiepfleger, doch er hatte sich entschieden und war nicht mehr davon abzubringen.

Seine erste Stelle bekam er in der Psychiatrie im Klinikum Aachen. Niemals erzählte er jedoch, dass sein Vater Chefarzt der Anästhesie war. Er wollte nicht verglichen werden. Er legte Wert darauf, dass man ihn, ohne positive oder negative Vorurteile, als eigenständige Person erlebte.

Ich war beruflich so eingespannt, dass ich nur wenig Zeit für unsere Kinder hatte. Die nahm ich mir dann aber an freien Tagen und in den Ferien. So fuhr ich zuerst mit Sunita, dann mit Sunita und Anil, schließlich mit Sunita, Anil und Ajay einmal im Jahr für eine Woche in den Schwarzwald. Es ging immer an denselben Ort (Neustadt am Titisee). Wir übernachteten jedes Mal im „Romantikhotel zur Post". Der Hotelier fragte mich schließlich: „Sind Sie alleinerziehender Vater oder gehört zu den Kindern auch eine Mutter?" Die erholte sich zuhause in Simmerath und genoss es, dass eine Zeit lang niemand „Jutta" oder „Mama" rief.

Ansonsten fuhren wir oft auf Nordseeinseln. Meine Frau liebte die dortige Landschaft und brachte sie auch uns nahe. Die Kinder mochten vor allem die ostfriesische Insel Langeoog. Dort hinzufahren, vermittelte ein wenig das Gefühl, nachhause zu kommen. Jahre später, leider ohne Anil, entdeckten wir noch die westfriesischen Inseln Texel und Domburg. (1)

Reflexion über den Tod Anils 2001

Bild 25: Anil im Alter von 14 Jahren

Vor fast genau 10 Jahren, am 28.02.1991 starb ganz unerwartet unser 15-jähriger Sohn Anil. Ich war an diesem Morgen, nachdem er wie gewöhnlich zur Schule gefahren war, zu einem Frühstück mit Freundinnen eingeladen. Gegen 10.30 Uhr erschien der Ehemann einer der Anwesenden, Chefgynäkologe im Simmerather Krankenhaus, um mich abzuholen. Da er mir nicht sagen wollte, was los war, vermutete ich, meinem Mann sei vielleicht schlecht geworden und ich wollte mich in mein Auto setzen, um ins Krankenhaus zu fahren. Er ließ das aber nicht zu und bestand darauf, mich in seinem Auto nachhause zu fahren. Durch wiederholtes Fragen und Bohren konnte ich ihm nur entlocken, dass es ein Problem im Zusammenhang mit Anil gab, wobei ich eher etwas in Richtung Unfall, wie z.B. Knochenbruch oder Gehirnerschütterung vermutete. Kurz darauf saßen wir bei uns zuhause im Esszimmer, nachdem er mir endlich mitgeteilt hatte, mein Mann sei mit dem Rettungswagen und Anil auf dem Weg zu uns. Wir warteten. Ich hatte immer noch keinen Schimmer, dass etwas „Endgültiges" passiert sein könnte. Eigentlich dachte ich überhaupt nicht, außer, dass sich die Minuten endlos und leer zu dehnen schienen.

Endlich hörte ich Motorengeräusch und sah den Rettungswagen auf unsere Garageneinfahrt fahren. Ich stürzte aus dem Haus und stieg in den geöffneten Wagen ein. Das Bild vor meinen Augen bleibt für immer wie eingebrannt.
Anil lag bis zum Hals mit einem weißen Tuch zugedeckt auf der Trage, zwei fremde Männer in Weiß standen im Wagen, und mein Mann rief mir weinend entgegen: „Jutta, unser Sohn ist tot".

Die nächsten Stunden vergingen damit, dass eine Reihe von Formalitäten erledigt und Fragen beantwortet werden mussten, die an mir vorbeiglitten. Mir wurde ermöglicht, währenddessen im Rettungswagen, der inzwischen in die Krankenhauseinfahrt gefahren war, sitzenzubleiben, nachdem man mir Anil in den Arm gelegt hatte. Ich erinnere mich, dass er sich wie schlafend, weich und warm anfühlte, weil er beatmet worden war, während meine Hände eiskalt waren.

Was sich abgespielt hatte: Er kam von draußen aus einer kleinen Pause zur Geschichtsstunde in den Klassenraum zurück. Er lächelte noch einen Klassenkameraden an und fiel dann von einer Sekunde zur anderen um, dem ins Klassenbuch eintragenden Lehrer vor das Pult. Wiederbelebungsmaßnahmen, auch die des herbeigerufenen Notarztes, brachten ihm nicht mehr zu Bewusstsein. Er war tot.
  Wie wir durch spätere Obduktion erfuhren, hatte er eine schwere, durch Viren verursachte Lungenentzündung ohne Symptome, die eine Herzmuskelentzündung und Rhythmusstörungen hervorgerufen hatte. Eine hastig in der Pause gerauchte Zigarette hatte ihm den Rest gegeben.

Als es wenige Stunden später notwendig wurde, ihn herzugeben. d.h. ihn aus meinen Armen zu lassen, war es mir ein notwendiges Bedürfnis, ihn persönlich anzuziehen und mit einem Pfleger in den Sarg zu legen. Anschließend fuhren mein Mann und ich mit den inzwischen zu uns gebrachten Kindern, Sunita (18) und Ajay (11) nachhause.

Dort folgte eine Zeit der Ruhe, in der es nichts zu tun gab und in der wir alle irgendwie hilf-, tatenlos und orientierungslos waren. Ich stand in unserem Wohnzimmer. Schaute auf die Terrasse und fragte mich, was ich hier eigentlich machte und wieso ich hier angeblich hingehörte. Ich hatte jeglichen Kontakt und jedes Gefühl der Beziehung zu meiner Umgebung verloren, die mir fremd und nicht zugehörig erschien. Wie kam es, dass ich mich hier je zuhause gefühlt hatte? Dass mir ein Ort etwas bedeuten sollte?

Eine ähnlich krasse Empfindung hatte ich, als wir vor der Beerdigung schwarze Mäntel kaufen fuhren. Ich schaute auf Aachens Straßen und Häuser, und es hätte ebenso gut eine Mondlandschaft oder Wüste sein können. Ich empfand mich als absolut beziehungslos und gleichgültig gegenüber meiner Umgebung. Der schwarze Mantel interessierte mich schon gar nicht. Ich tat, was mein Mann mir sagte und nahm den ersten Mantel, den man mir zeigte. Es hätte ebenso gut ein Sack sein können.

    Die Wahrnehmung meiner selbst und meiner Umgebung hatte einen eigenartigen, schwer zu beschreibenden Charakter von Irr-Realität und Nicht-Realität angenommen. Auch neben mir selbst stand ich wie eine Fremde, die jemanden beobachtet.

Hätte man mich früher gefragt, was für ein Verhalten der Tod eines Kindes an den Tag legen würde, hätte ich meinen totalen Rückzug vermutet. Tatsächlich wurde ich nicht groß gefragt, weil nach kurzer Zeit bereits am Todestag ein dauernder Strom von Besuchern einsetzte: Freunde, Nachbarn, Bekannte, Familie aus der Nähe, aus England und Indien.

Es kamen viele Blumen, Anrufe und Briefe. Wir wurden fast rund um die Uhr mit Essen versorgt. Einkäufe, Besorgungen und Wege wurden uns abgenommen. Fremde kümmerten sich rührend um unsere Kinder. Nachbarn saßen abends mit uns zusammen, falteten Traueranzeigen, schrieben Adressen und klebten Briefmarken.

Alle, die kamen, zeigten offen ihre Betroffenheit und Bereitschaft, für uns nach ihren jeweiligen Möglichkeiten da zu sein. Sie weinten oder schwiegen auch, und vor allem gaben sie uns die Chance, endlos, in allen Variationen und immer wieder neu über Anil zu sprechen. Damit war er quasi mitten unter uns gegenwärtig.

Die gleichaltrigen Freunde unserer Kinder saßen stundenlang bei uns bis spät in die Nacht und trösteten Sunita und Ajay. Für Ajay erwuchs daraus ein neuer Freundeskreis, der bis heute stabil geblieben ist. Die Kinder und Jugendlichen waren von rührendem
  Einfühlungsvermögen und zeigten sich tief berührt.

Von wenigen Ausnahmen abgesehen, verhielten sich die meisten beispielhaft. Sie gaben weder Ratschläge, noch billige Tröstungen von sich. Sie waren da und teilten unsere Traurigkeit. Sie hörten uns geduldig und interessiert zu, wenn wir fast nur von Anil und uns redeten. Sie stellten ihre eigenen Themen ganz in den Hintergrund und uns in den Mittelpunkt.

In diesem Zusammenhang bin ich besonders meiner Mutter dankbar, mit der ich Stunden über Anil und unser vergangenes

Leben reden konnte, mit der Sicherheit, verstanden zu werden und niemals falsch zu liegen mit dem, was ich äußerte. Es gab noch einige mir eng verbundene Menschen, bei denen es ähnlich war. Dabei machte ich die Erfahrung, dass ich bei jedem unterschiedliche Facetten meines Lebens mit Anil berühren konnte, so wie eben auch diese Menschen unterschiedlich orientiert waren und wir auch vorher unterschiedliche Schwerpunkte gemeinsam hatten.

Aggression rief eine Freundin bei mir hervor, die nicht mich reden ließ, sondern immer sehr schnell auf ihre eigenen Erfahrungen zu sprechen kam, so dass nicht mehr ich von mir reden konnte, sondern sie von sich.

Aggressiv machte mich ein guter Bekannter, der mich einige Monate später darüber belehren wollte, welche Art der Trauer die richtige sei, zu welchem Zeitpunkt man den Tod verkraftet haben sollte und woran sich die Qualität der Verarbeitung zeige.

Absolut nicht wahr- und ernst genommen fühlte ich mich, als ein Pastor meine Gefühle als falsch und verdrängend bewertete, weil sie mit der zeitlichen Abfolge der Trauerphasen nach Kübler-Ross nicht genau übereinstimmten. Ich habe damals das Gespräch abgebrochen. Noch heute fallen mir sogleich seine Worte ein, wenn ich ihn treffe.

Ein anderer Pastor dagegen erwies sich als hilfreich, in dem er uns gegenüber saß und Tränen in den Augen hatte, ohne zu versuchen, uns etwas überzustülpen. Er war auch derjenige, der uns viel Freiheit in der individuellen Gestaltung der Trauerfeiern gab. Später wurde er von konservativen Gemeindemitgliedern angegriffen, die empört äußerten, dass schließlich nicht jeder seine eigenen Riten machen könne.

Entgegen meinen Erwartungen also, allerdings auch bedingt durch die verständnisvolle Zuwendung der meisten Menschen, mit denen wir zu tun hatten, öffnete ich mich, je nach der Art der Beziehung, mehr oder weniger weit. Ich schämte mich überhaupt nicht für meine Trauer, meine Tränen in der Öffentlichkeit und meinen individuellen Weg der Verarbeitung. Ausnahmsweise fand ich, dass ich ein Recht auf meine Gefühle und ihren eigenen Ausdruck hatte und niemand das Recht, mir dreinzureden.

Als hilfreich erwiesen sich die zahlreichen und sehr unterschiedlichen Gesprächsmöglichkeiten im Wechsel mit der Möglichkeit des Alleinseins.

So fuhren wir nach längeren Überlegungen kurz nach der Beerdigung in den vorher schon lange geplanten Urlaub nach Texel: mein Mann, Ajay und ich.
    Und Anil nahmen wir mit. Ich habe ihn immer bei mir gehabt auf den langen Radtouren, in der Schönheit der Natur, in dem großen Schweigen, in dem Zusammensein mit Ajay und meinem Mann. All das bekam durch ihn eine tiefe Qualität, nichts war mehr selbstverständlich.

Nach einigen Monaten geschah es aber immer häufiger, dass im Bekannten- und Freundeskreis von Anil nicht mehr oder seltener gesprochen wurde. Die normalen Alltagsthemen rückten mehr und mehr in den Vordergrund. Obwohl ich dafür Verständnis hatte, schmerzte es mich sehr. Es war, als ob er in Vergessenheit gerate und so noch einmal sterben würde.
Ich verstand den Spruch mancher Todesanzeigen, dass jemand nicht sterbe, solange er nicht vergessen werde.

Für mich persönlich lag von dem Augenblick an, als ich von Anils Tod wusste, mein Schwerpunkt nicht in meinem Schmerz, sondern in dem Wunsch zu wissen, was mit ihm geschehen war. Durch welchen Prozess war er im Sterben gegangen? War er vielleicht verwirrt? Wo und in welchem Zustand war sein Bewusstsein? Wie und wo befand er sich jetzt? Konnte ich ihn auf seinem Weg in irgendeiner Weise begleiten?

In der ersten Nacht nach seinem Tod, in der ich überhaupt nicht schlafen konnte, habe ich etwas getan, was ich vorher nicht für möglich gehalten hätte: nämlich alle Fenster des Hauses halb geöffnet und brennende Kerzen hineingestellt – mit dem vagen Gedanken, falls sein Geist, seine Seele – was auch immer – durch den plötzlichen Tod desorientiert sei und umherirre, er so nachhause finden könne und willkommen sei.

In den folgenden Tagen war ich oft traurig darüber, dass alle nur von unserem Verlust und unserem Schmerz sprachen, und fand, dass Anils Interesse und sein Prozess im Mittelpunkt stehen sollten. Deshalb bat ich alle, die kamen, ob sie es hören wollten oder nicht, nicht nur für uns, sondern besonders für ihn zu beten oder ihn zumindest mit ihren guten Wünschen und Gedanken über den Tod hinaus zu begleiten und ihn so vielleicht auf einer, ihm unbekannten, Reise zu unterstützen. Von daher war es mir auch ganz wichtig, die Trauergottesdienste individuell, auf ihn und unser gemeinsames Leben zugeschnitten, selbst zu gestalten.

Klar wusste ich auch, dass mir aus Anlass der Beerdigung keine Gaben für wohltätige Zwecke wichtig waren, sondern dass sein Sarg und sein Grab von einem Blumenmeer bedeckt sein sollten.

Tief in mir war von Anfang an absolute Sicherheit, dass sein Tod nicht sinnlos war und dass es meine gegenwärtig wich-

tigste Aufgabe als Mutter war, ihn nicht um meinetwillen hier festhalten zu wollen, sondern ihn liebevoll und unterstützend bei einem schwierigen Vorgang, vielleicht dem einer Geburt vergleichbar, zu begleiten. Und ihm zu erlauben, uns zu verlassen.

Das war etwas, worum ich mich schon all die vergangenen Jahre im Zusammenleben mit unseren Kindern bemüht hatte: meine eigenen Wünsche und Projektionen von ihnen abzuziehen, wahrzunehmen, was für sie, nicht für mich, richtig und wichtig war und sie auf ihrem Weg zu begleiten, statt sie als meine Glücksfüller zu betrachten. Der Tod Anils war nun der letzte Schritt, den ich für ihn in dieser Richtung tun konnte und wollte. Mir war, als hätte mich meine persönliche Entwicklung der vergangenen Jahre dazu befähigt und hingeführt, was sonst nicht ohne Weiteres möglich gewesen wäre.

Dabei habe ich mich voll und ganz auf eine Art innerer Führung verlassen, und es war mir unwichtig, welche Meinung irgendwer darüber hatte oder haben könnte.

Ich bin, ebenso wie meine Familie, meinen inneren Bedürfnissen gefolgt. So haben wir lange Zeit bei festlichen Gelegenheiten eine brennende Kerze und Blumen auf seinen Eßplatz gestellt, wir haben seinen Geburtstag und Todestag mit Freunden gefeiert – und nicht in Traurigkeit. Es war eine Gelegenheit, sich gemeinsam an ihn zu erinnern und von ihm zu erzählen.

Der tägliche Besuch und die liebvolle Pflege seines Grabes waren ein Jahr lang u. a. eine Kontakt- und gleichzeitig Abschiedsmöglichkeit. Den Grabstein habe ich selbst entworfen und darin etwas von meinen Erfahrungen und meinem Glauben ausdrücken können. Als sein Holzkreuz durch den Stein *ersetzt wurde, wollten wir es weder wegwerfen, noch verbrennen. Es stand in einem Blumenbeet unseres Gartens, bis es allmählich verrottete.*

Das Sechswochenamt und Jahresgedächtnis haben wir mit der Familie und Anils Freunden selbst gestaltet und in eigenen Gebeten unsere Erfahrungen mit ihm und seinen Tod ausgesprochen. Das bedeutete Klärung und Bilanzierung für uns und das Erleben von sich mitteilender Gemeinschaft.

Wir haben uns innerhalb der Familie, mit unserer jeweils anderen Art zu trauern, respektiert. Keiner hat dem anderen vorgeschrieben, wie er sich zu verhalten hat. Es gab nicht „richtig-falsch" oder „gut-schlecht".

Unsere Kinder z.B. sind vom Todestag an unbefangen und ganz natürlich zu Veranstaltungen, Festen, zum Reiten, zu Beatbällen gegangen, wenn und wann sie es wollten. Sie haben auch laute Rock- und Popmusik aufgedreht und angehört. Wir haben manchmal zu unserer eigenen Überraschung herzlich gelacht. Unsere Grundüberzeugung war, dass wir Anil nichts Gutes tun, wenn wir uns selbst kasteien und zu Verzicht auf Lebensfreude verurteilen.

Mit Ajay habe ich einmal darüber gesprochen, dass Anil, wenn er bei uns wäre, sich freuen würde, wenn wir uns freuen, und traurig wäre, wenn wir verzweifelt über seinen Weggang wären. Dass ihn unsere Fähigkeit, zwar in liebvoller Erinnerung, aber auch ohne ihn zu leben, in einem anderen Leben entlasten und von Verpflichtungs- und Schuldgefühlen befreien könnte. Wenn Ajay z.B. allein in ein Ferienlager fahren würde, könnte er das weniger genießen, wenn er wüsste, dass seine Mama mit Sorgen, Tränen und Sehnsuchtsgefühlen zuhause leidet und auf seine schnelle Rückkehr wartet.

Es kam vor, dass Ajay mitten im Spiel innehielt und anfing zu weinen. Dann nahm ich ihn in die Arme. Nach kurzer Zeit war er meist getröstet und wandte sich wieder interessiert seinen Sachen zu. Bei einer dieser Gelegenheiten sagte er, er sei ja eigentlich mitschuldig an Anils Tod, weil er ihn so oft geärgert habe. Daraufhin sprach ich mit ihm darüber, wie völlig normal es sei, dass Geschwister miteinander streiten und dass auch Anil alles andere als ein Engel gewesen sei und ihn genügend provoziert habe. Außerdem, wenn er jetzt da wäre und antworten könnte, würde er lachen und sagen, dass sie wieder gut Freund seien. Er war überhaupt nicht nachtragend gewesen.

Wenn ich darüber nachdenke, war es so, dass wir Schmerz und Trauer zuließen, wenn sie kamen, aber uns ebenso die Empfindung von Lebensfreude erlaubten, sporadisch zunächst, dann immer mehr. Wir glauben nicht, es Anil schuldig zu sein, ständig traurig sein zu müssen. Wir waren sicher, dass er es auch so nicht gewollt hätte.

Sich auch an anderen freuen und ein eigenes Leben leben zu können, bedeutete nicht, ihn zu vergessen, sondern im Gegenteil: ihn einzubeziehen.

Und letztlich hatten wir, in dem wir uns dahin öffneten, an seinem Tod zu lernen und zu wachsen, ihm die Gelegenheit gegeben, uns damit ein Geschenk zu machen.

Wir alle hatten nach Anils Tod die Empfindung einer großen Leere im Haus. Es war rational kaum zu verstehen, dass die Abwesenheit einer einzigen Person eine solche Lücke reißen kann. Ajay spürte diese Leere besonders schmerzlich, wenn er allein zuhause war. Das war vorher immer öfter geschehen, ohne dass er darunter ausdrücklich litt und es ja auch lernen musste, weil er der Jüngste ist. Nun aber achteten wir sehr darauf, vor allem im ersten Jahr, dass immer einer von uns zuhause bei ihm war und dass er vor allem nicht allein schlafen gehen musste. An den Abenden, bei Einbruch der Nacht, wurde ihm besonders bewusst, dass sein Bruder nicht mehr da war.

Vorher habe ich schon erwähnt, dass mein Hauptinteresse nicht auf meinem Schmerz lag, sondern auf Anils Wohlergehen. Trotzdem habe ich mir abgrundtiefe Trauer und Sehnsucht nach meinem Kind total erlaubt. Das eine schloss das andere nicht aus. Ich weine normalerweise nicht so viel, aber im ersten Jahr nach Anils Tod bin ich mit meinen Tränen fast weggeflossen. Vor allem beim Anhören von Musik oder bei der Teilnahme an Gottesdiensten war ich wie aufgelöst. Erstaunlicherweise habe ich dieses Weinen nicht als quälend, sondern heilsam und wohltuend empfunden.

Wie auch die Erfahrung seines Todes mich nicht verengt, sondern auf der spirituellen und -Beziehungsebene aufgebrochen und weit geöffnet hat.

   Nach den ersten Monaten erlebte ich dann eine Zeit, in der ich intensiv um meinen Verlust zu trauern begann, in der mir furchtbar deutlich wurde, was und wen ich verloren hatte und ich mir die Frage stellte, ob ich jemals wieder glücklich sein könnte. In diesem Zusammenhang rückten auch alte, tiefgreifende Verluste meines Lebens neu in mein Bewusstsein, u.a. die Auseinandersetzung mit meinem Vater, wie er sich mir entzogen und wie er mich behandelt hatte und wie er mir genommen worden war. Ich betrauerte mich selbst. In dieser Phase wurde ich wütend und aggressiv, allerdings nicht auf meinen Sohn, sondern zum ersten Mal, auf meinen Vater und auch auf meine Mutter wegen all dem, was sie mir angetan und versagt hatten. Ich stelle fest, dass ich es verdammt schwer gehabt und das Leben mir übel mitgespielt hatte. Schließlich wurde ich ruhiger, und nach einer gewissen Zeit kam ich zu dem unzweifelhaften Wissen, dass ich nicht nur überleben, sondern eines Tages auch ohne Anil gut würde leben können.

Vor allem in diesem ersten Jahr habe ich intensiv geträumt, die mir wichtigen Träume aufgeschrieben und mich damit beschäftigt. Sie zeigten mir sehr unterschiedliche Aspekte.

Kurz nach seinem Tod träumte ich Folgendes:

Ich muss zu Anils Beerdigung, die in der Kapelle eines Waldes stattfinden soll. Der Weg ist eng, steinig und teilweise verschlammt. Ich komme recht gut hindurch und befinde mich plötzlich auf der Spitze eines Berges. Von dort habe ich einen weiten und schönen Blick über das Land. Ich sehe unter mir die Kapelle liegen auf dem Weg, der zu ihr führt. Dann bemerke ich Freunde, die auch zur Beerdigung wollen, sich mit ihrem Auto durch den Morast kämpfen und stecken bleiben. Ich gehe zu ihnen, setze mich ans Steuer des Wagens und bringe sie zu der Kirche.

Dieser Traum ließ mich ahnen, was sich im Lauf der Zeit bestätigte: nämlich, dass ich ein sicheres, inneres Wissen darüber hatte, wie ich den Weg vor mir bewältigen konnte, ohne steckenzubleiben und unterzugehen und sogar anderen helfen konnte, das Ziel zu erreichen.

Ein anderer Traum war so: Ein kleines Kind sitzt in der Mitte eines kreisrunden, flachen Teiches. Es steht auf, läuft zu mir hin und führt mich in das Wasser. Als ich mich hineinsetze, erlebe ich eine Art von körperlicher und seelischer Heilung und Ganzwerdung.

Ich wachte auf und fühlte mich wunderbar wohl und entspannt.

In einem anderen Traum sehe ich zu, wie uralte Frauen in langen schwarzen Mänteln, langsam schreitend und sich an den Händen haltend, im Kreise tanzen. Sie tanzen diesen Tanz für Anil und ich weiß, dass es das Beste und Wichtigste ist, das für ihn getan werden kann. Ich wachte mit einem Glücksgefühl auf.

In anderen Träumen erlebte ich immer wieder seinen plötzlichen Tod in der Form, dass er kommentarlos verschwunden, untergetaucht, vermisst war und ich ihn verzweifelt suchte. Manchmal fand ich ihn, manchmal nicht.

Wenn ich ihn wiedertraf, war er fern und fremd und distanziert, und ich konnte ihm nicht nahekommen. In einem Traum war er von zuhause weggelaufen und bei der Mutter eines Freundes untergeschlüpft. Ich wurde fast verrückt vor Eifersucht und Qual, dass eine andere Frau seine Mutter sein dürfte und ich nicht mehr.

Diese Träume spiegeln den furchtbaren und unverständlichen Schock seines plötzlichen und unerwarteten Todes wider und mit welchem Widerstand, in schmerzlichen Schritten, ich mich von ihm verabschiedete.

Wie schwer es mir fiel, ihn loszulassen. Es gab eine Phase, in der ich mich sehr mit Reinkarnation beschäftigte. Die bloße Vorstellung und vage Möglichkeit, dass er in einem nächsten Leben das Kind einer andren Frau sein könnte, könnte ich kaum ertragen.

Sunita und Ajay wurden von ihren Freunden in bewegender Weise aufgefangen. Ajay wurde in eine Clique von Jungen aufgenommen, die er schon zuvor sehnsüchtig beäugt hatte und der er sich nun eng anschloss. Sie waren leidenschaftliche Anhänger des 1. FC Köln. Auch er wurde ein treuer Fan und schließlich sogar Mitglied des Fanclubs. Meine Frau fuhr die Jungen regelmäßig in voller Fanmontur zu den Spielen nach Köln.

Auch Sunita verbrachte mit ihren 18 Jahren bereits viel Zeit außerhalb des Hauses. Ajay spürte mehr als sie die Einsamkeit und das Fehlen des Bruders. Es war schrecklich still bei uns geworden. Ajay wirkte ganz verloren. Wir wagten ein Jahr hindurch nicht, ihn abends allein zu lassen. Stets blieb einer von uns bei ihm. In der Silvesternacht 1991, als er schon schlief, gingen wir noch für zwei Stunden zu Freunden im Ort. Bei unserer Rückkehr brannten alle Lichter im Haus. Er lag zusammengerollt und schlafend auf der Esszimmerbank, inmitten des gebrauchten Geschirrs und der nicht weggeräumten Spiele. Der Anblick tat uns von Herzen weh.

Die existentiellen Erlebnisse im Umkreis des Todes von Anil waren für meine Frau aber nicht nur schmerzlich, sondern – zum Erstaunen mancher Leute – auch bewegend positiv. In Deutschland sagt man über einen Verstorbenen, er habe das Zeitliche gesegnet. Ähnlich kleidete meine Frau ihre Erfahrungen in Worte: Sie fühlte sich von Anil in seinem Tod gesegnet.

Aus Dankbarkeit wuchs in ihr das Bedürfnis, andere Menschen in seelischer Not zu begleiten. Sie hatte sich immer sehr für Psychologie interessiert. Nun stieg sie in berufsbegleitende psychotherapeutische Ausbildungen ein. Im Mittelpunkt stand dabei die sechsjährige Ausbildung zur Gestalttherapeutin. Wenige Jahre nach dem Abschluss wurde sie von der Europäischen Gesellschaft für Psychotherapie (EAP) als Psychotherapeutin anerkannt. Sie arbeitete ehrenamtlich in Beratungsinstituten und erweiterte kontinuierlich ihren Tätigkeitsbereich. Schließlich arbeitete sie jahrelang für „Frauen helfen Frauen" und den Förderkreis „Hilfe für krebskranke Kinder". Sie bot Gruppen- und Einzelberatung an. Ein Schwerpunkt wurde die Begleitung Trauernder, insbesondere auch jener, die ein Kind verloren hatten. Sie leitete Workshops und Fortbildungen für Ehrenämter im Sozial- und Hospizdienst. Nebenbei hatte sie sich eine kleine Beratungspraxis in unserem Haus eingerichtet. Diese Arbeit mit Menschen interessierte und begeisterte sie. Sie sah und sieht in der Psychotherapie nicht nur ein Heilmittel für „Kranke", sondern auch eine wundervolle Möglichkeit persönlichen Wachstums und Reifens. Sehr häufig war sie außer Haus. Wenn sie daheim war, hatte sie oft Klienten oder musste Vorbereitungen für Gruppen und Seminare treffen. Sie konnte natürlich auch deshalb so viel unterwegs sein, weil die Kinder zunehmend selbständiger wurden und ihre Anwesenheit weniger brauchten. Anil war nicht mehr da, Sunita war fast erwachsen, Ajay wurde zunehmend älter und blieb außer Haus.

Unsere Rollen hatten sich gewissermaßen vertauscht. In dem Maße, wie sie sich nach außen und auf ihre Tätigkeit konzentrierte, zog ich mich ins Private zurück. Früher hatte sie viel Zeit im Haus verbracht, wenn ich Dienst hatte oder zusätzliche Aufgaben auf mich warteten. Nun war es umgekehrt. Ich war oft allein zuhause. Obwohl ich mich nie langweilte, war es doch manchmal schwer und anders, als ich es mir vorgestellt hatte. In Indien ist die Ehefrau meist bereit, zu jeder Zeit für ihren Mann verfügbar zu sein, gerade so viel oder wenig, wie er es wünscht. Von ihm erwartet sie nicht unbedingt dasselbe.

Ajays Tod

Im Januar 2005 rief mich Schwester Ulrike, eine Schulfreundin Sunitas, aus dem Klinikum Aachen an. Sie berichtete mir, dass sie Ajay in die Notfallaufnahme gebracht hatte. Da wir bereits einen Sohn verloren hatten, überfiel mich Panik. Ich fuhr unverzüglich mit meiner Frau ins Klinikum. Dort lag Ajay auf einer Trage in der Notaufnahme und hatte Vorhofflimmern.

Er begrüßte uns mit den Worten: „Scheiße! Jetzt kann ich keinen Sport mehr treiben und muss Medikamente einnehmen."

Nach Elektroschocks (Kardioversion) unter Narkose und einer Nacht im Klinikum hatte sich sein Herzrhythmus wieder normalisiert. Die Ärzte waren der Meinung, weitere Maßnahmen wären nicht nötig. Er brauchte ihrer Ansicht nach keine Medikamente zu nehmen.

Er entschied sich, sofort mit dem Rauchen aufzuhören. Die fehlenden Zigaretten ersetzte er durch Gummibärchen und Schokolade. Die nächsten Monate ging es ihm gut. Er konnte wieder Fußball spielen und ohne Probleme Fahrrad fahren.

Etwa drei Monate später kam er plötzlich mittags zu uns nachhause. Er bat mich, seinen Puls zu fühlen. Die Kontrolle ergab eindeutig, dass er ärztlich untersucht werden musste. Unser Hausarzt Dr. Albert entschied, ihn sogleich ins Krankenhaus einzuweisen. Diagnose: Vorhofflimmern. Er blieb drei Tage in Simmert auf der kardiologischen Überwachungsstation. Durch die Behandlung stabilisierte sich der Herzrhythmus wieder. Er wurde nach drei Tagen entlassen. Ab dieser Zeit nahm er Betablocker ein.

Ajay war Ende August von Metternich nach Aachen/Vals umgezogen. Seine Wohnung lag in der Nähe des Klinikums, wo er in der Psychiatrie seine erste Stelle als Krankenpfleger bekommen hatte. Er fühlte sich dort sehr wohl und bewältigte seine Arbeit mit Begeisterung.

Anfang Oktober zog er sich beim Fußballspiel eine Verletzung am Sprunggelenk zu. Er musste einige Wochen Gips tragen. Da er sich selbst nicht versorgen konnte, boten wir ihm an, eine Zeit lang bei uns zuhause zu wohnen. Jutta freute sich, ihn noch einmal verwöhnen zu können. Er schimpfte zwar wie ein Rohrspatz über seine Behinderung, genoss aber die gemeinsamen Mahlzeiten, das gemütliche Kaffeetrinken und die Gespräche. Nach drei Wochen war er wieder arbeitsfähig.

Am 29. Oktober 2005 rief er uns an. Er teilte uns mit, dass er zu seinem Freund Peter Schlagloth nach Köln fahren wollte, um dessen Geburtstag zu feiern. Jutta hatte sich gerade hingelegt, weil sie sich nicht wohl fühlte. Er bat mich, der Mama herzliche Grüße auszurichten.

Am 2. November 2005, um 13.00 Uhr, rief der leitende Pfleger seiner Station an. Er fragte nach ihm, da er nicht zum Dienst erschienen war. Ajays Festnetzanschluss und Handy waren frei, aber es meldete sich niemand. In Absprache mit dem Stationspfleger beschlossen wir, nach Vals zu seiner Wohnung zu fahren. Während der Fahrt versuchte ich immer wieder, ihn telefonisch zu erreichen. Es blieb ohne Erfolg.

Dann war plötzlich sein Handy tot. Ich folgerte, dass der Akku leer war. Es war beängstigend! Als wir bei seiner Wohnung ankamen, stand sein Auto vor der Tür. Ein weiteres schlimmes Zeichen! Es musste etwas passiert sein. Wir klingelten mehrfach. Nichts rührte sich. Mit Hilfe einer Nachbarin versuchten wir, seinen Hauswirt zu erreichen, um in die Wohnung zu gelangen. Vergebens. Schließlich rief ich die Polizei an. Der Beamte hielt es nicht für notwendig, zu kommen. Er war erst nach längerer Diskussion dazu bereit.

Zwei Polizisten trafen ein. Nachdem sie erfolglos geschellt hatten, öffnete einer von ihnen mit Hilfe einer Plastikkarte die Wohnungstür. Es war ein weiterer Hinweis, dass Ajay in der Wohnung war. Ich hatte die schlimmsten Befürchtungen. Hinter den Polizisten drängten wir in den Flur. Wir betraten das Schlafzimmer und sahen Ajay auf seinem Bett liegen. Er war tot.

Das Nachttischlämpchen brannte. Er hatte die Brille aufgesetzt und die Bettdecke zurückgestoßen. Ein leichtes Lächeln lag auf seinem Gesicht. Er schien mitten in der Bewegung erstarrt. Die Leichenstarre hatte bereits eingesetzt. Er musste schon seit mehreren Stunden tot sein.

Wir waren entsetzt, schockiert und unendlich traurig. Die Polizisten riefen telefonisch einen Notfallseelsorger herbei. Rettungswagen, Notarzt und Kriminalpolizei kamen, um die Todesursache zu klären.

Einer der anwesenden Polizisten war auch bereits bei Anils Tod in Moschaw zugegen gewesen. Er zeigte sich über diesen Zufall zutiefst erschüttert.

Auf der Rückfahrt begleitete uns der Notfallseelsorger. Wir mussten zu Sunita und Michael, um ihnen Ajays Tod mitzuteilen.

Wir entschieden uns, ihn nicht obduzieren zu lassen. Immerhin wussten wir, dass er an Herzrhythmusstörungen gestorben war. Nichts würde ihn wieder zurückbringen. Wir hatten nur den Wunsch, ihn so schnell wie möglich zu uns nachhause zu holen.

Bis zu seiner Beerdigung wurde er in einem offenen, geschmückten Sarg in unserem Wohnzimmer aufgebahrt. Es kamen täglich Freunde, Kollegen und Nachbarn, um sich von ihm zu verabschieden. In unserem Schmerz waren wir aber auch glücklich, ihm nahe zu sein und die Trauer des Verlustes miteinander zu teilen.

Trauermesse und Beerdigung fanden am 9. November 2005 in Simmerath statt. Wir gestalteten die Feier gemeinsam mit den Priestern. Bei einem Kerzenritual während der Messe gaben wir Ajays Freunden noch einmal die Möglichkeit, persönlich Abschied zu nehmen. Freunde waren ihm sehr wichtig gewesen. John Lennons „Let ist be" wurde auf seinen Wunsch hin gespielt. Dieses Lied wird für immer mit Ajay verbunden bleiben. Es war sein Lied.

Bild 26: Ajay im Alter von 25 Jahren

Da er ein leidenschaftlicher Fan des 1. FC Köln war, hielten wir den Blumenschmuck in rot-weiß. Außerdem schmückten wir Kirche und Sarg mit Fanartikeln. Die Pfarrkirche war voll. Mehr als 450 Menschen nahmen an der Trauerfeier teil. Die Messe wurde von Pfarrer van Gor, Pastor Kerbüsch und Pfarrer Ertel gehalten.

Bild 27: Trauerfeier in der Kirche

Die Fürbitten schrieb meine Frau. Sie las sie auch selbst vor.
Es war ihr ein Bedürfnis, auf diese Weise Ajay zu begleiten und ihre Liebe zu ihm auszudrücken.
Alles, was wir in diesen Tagen sagten und taten, sollte ihm und uns gut tun.

Fürbitten

Unbegreiflicher Gott,

unerwartet und für uns viel zu früh ist Ajay gestorben und lässt uns ein Stück weit einsamer und verlorener zurück.
Er hat den großen Übergang angetreten
und wir alle bitten von ganzem Herzen für ihn:

Möge er befreit sein von Ängsten, Zweifeln und Verwirrung.
Wir bitten Dich, erhöre uns.

Mögen alle Wunden und Verletzungen, die er in seinem Leben erlitten hat, geheilt werden.
Wir bitten Dich, erhöre uns.

Mögen alle Begrenzungen und Einschränkungen dieses nun vergangenen Lebens von ihm abfallen.
Wir bitten Dich, erhöre uns.

Möge er sich und uns verzeihen, wo es Verletzungen und Unrecht gegeben hat.
Wir bitten Dich, erhöre uns.

Mögen auch alle, die er vor den Kopf gestoßen oder gekränkt hat, es ihm vergeben.
Wir bitten Dich, erhöre uns.

Möge er – getragen von Vertrauen und Liebe – in klarer Erkenntnis dieses Ende und diesen Neuanfang vollziehen.
Wir bitten Dich, erhöre uns.

Möge er an das Ziel seiner tiefsten Sehnsucht und seines Lebens gelangen.
Wir bitten Dich, erhöre uns.

Uns, die wir in Trauer zurückbleiben, gib die Kraft und Fähigkeit, mit diesem Verlust so umzugehen, dass wir an ihm wachsen und ihn fruchtbar werden lassen.
Wir bitten Dich, erhöre uns.

Ajay, wir danken Dir, mit uns gelebt zu haben. Wir danken Dir für all das Anregende, Fröhliche und Gute, dass Du uns in der Begegnung mit Dir geschenkt hast.

Alles, was Du jeder und jedem von uns bedeutet hast, möge zum Segen werden für Dich.

AMEN

Bild 28: Ajays Grabkreuz

Jutta schrieb am 12.11.2005 an ihren Supervisor folgenden Text:

Liebe B,
Danke für Deinen Brief.

Es ist etwas geschehen, das Wiederholung und doch ganz anders ist. Ähnlich wie bei Anil empfinde ich keine Verzweiflung, keine Sinnlosigkeit, keine Aggression, sondern tiefes Einverständnis. Etwas in meinem Bauch, Herzen und Geist vertraut auf den Sinn dieses Todes. Ich erlebe ihn nicht als Abbruch, sondern Abrundung.

Mein Ajay hatte kein leichtes Leben. Mir kommen Tränen, wenn ich an die dunklen Stunden denke, die er gehabt haben mag. Da waren tiefe Ängste, Selbstzweifel, Unsicherheit und Schwierigkeiten. Ich habe ganz viel Respekt für seinen Weg, seine Arbeit an sich selbst, seine hohen Qualitäten und Werte. Er hat so viel geschafft und „geleistet". Vielleicht war seine Aufgabe jetzt erfüllt, und er musste oder durfte(?) gehen. Vielleicht wäre für ihn Unzumutbares und zu Schweres auf ihn zugekommen.

Wie auch immer, ich glaube daran, dass dies seine Zeit, sein Sterben war. Und es tröstet mich, dass er offensichtlich nicht gelitten hat, und auch vorher nicht eingeschränkt war.

Meine Aufgabe, der Sinn meines Mutterseins, ist jetzt zurückzutreten, ihn gehen zu lassen, gleichzeitig aber auch, ihn auf diesem Weg, der vielleicht ein Prozess auf einer anderen Zeitebene ist, mit all meiner Liebe und Zärtlichkeit zu begleiten, zu unterstützen, zu stärken.
Und unterstützen sollen ihn auch all die guten Gedanken und Gefühle der Menschen, die ihn lieben, mögen und schätzen. Alles soll zum Segen für ihn werden.

Die Fürbitten der Beerdigungsmesse kommen tief aus meinem Inneren, so soll es sein. Nicht wir stehen im Mittelpunkt, sondern er. Es ist sein Geschehen und sein Prozess, auch wenn es unser aller Abschied ist.
Er soll in Frieden, Freude, Freiheit und Liebe hineingehen und davon umhüllt und erfüllt sein. Das ist es, was ich ersehne und will. Parallel dazu ist mein Verlust. Ich vermisse ihn so schrecklich. Er bedeutet mir so viel. Auch wenn er in einer anderen Welt lebte als ich.
Auch wenn er schon lange nicht mehr bei uns wohnte und sein eigenes Leben führte. Er hinterlässt ein Loch und Einsamkeit und Leere. Immer, wenn mir das bewusst wird, werde ich tieftraurig.
Aber ich akzeptiere es, so wie ich seine vielen Loslösungen während seines Hierseins bejaht habe. Da waren so viele Abschiede und Schmerzen. Aber auch das ist ok. Unsere Kinder sind nicht unser Besitz. Sie sind ein Geschenk des Lebens mit den ihnen eigenen Aufgaben. Sie sind nicht für uns da, sondern wir für sie.
Dieses Wissen gibt mir wohl das, was man Stärke nennt.

Gleichzeitig macht es mich einsam, weil kaum jemand meine Einstellung nachvollziehen kann.

Ich bin konfrontiert mit der Trauer, Verzweiflung und den Warum-Fragen so vieler Menschen. Ich kann diese massiven Gefühle nur ertragen, weil sie zum großen Teil die „Beliebtheit" Ajays bezeugen, und weil mir klar ist, dass durch dieses Ereignis viele Menschen mit ihrer eigenen Angst und ihren eigenen Verlusten konfrontiert werden.
In mir vorherrschend ist das Gefühl der Dankbarkeit: ihn als Sohn gehabt zu haben, durch ihn so viel gelernt und erfahren zu haben, seinen Weg begleitet zu haben.
Dankbarkeit auch für dieses unglaubliche Mitgefühl so zahlreicher Menschen.

Mit sehr herzlichen Grüßen.

Einige Tage später am 26.11.2005 schrieb Jutta an Frau M. einen weiteren Brief.

26.11.2005

Liebe Frau M.

Ob Sie sich vorstellen können, WIE wohltuend Ihre Antwort für mich war? Wie Balsam. DANKE.
Inzwischen habe ich wieder angefangen zu arbeiten, was auch deshalb wichtig ist, weil ich meine Klienten nicht so lange in der Schwebe hängen lassen will.
Etwas beginnt aber, für mich zum Problem zu werden: Kaum

jemand kann verstehen, dass ich Sinn empfinde, dass der Tod kein Schrecken für mich ist, dass ich nicht verzweifelt bin. Immer mehr habe ich den Eindruck, mich rechtfertigen zu müssen, dass es mir „gut" geht. Dabei kommen mir Reaktionen entgegen von Ungläubigkeit, Bewunderung, bis zum Verdacht, dass ich total verdränge. Eine Klientin, deren Mann gestorben ist, sagte mir neulich: „Als ich weinte und immer wieder die Fassung verlor, warf man mir mangelnde Standfestigkeit vor. Jetzt, nach einem Weg der Bewältigung, verdächtigt man mich, nicht mehr zu trauern."

So etwas erlebe ich: mein Verhalten und meine Einstellung entsprechen nicht dem, was erwartet wird und stoßen daher auf unterschiedlichen Widerstand.

Da ich ein selbstkritischer Mensch bin und das alles sehr massiv auftritt, frage ich mich – in dem Fall wohl „leider" – ob daran nicht etwas Wahres sein könnte. „Liebe ich meinen Sohn wirklich? Verdränge und rationalisiere ich? Bin ich im Schock und erlebe Irrealität? Tröste ich mich zu schnell und überspringe Phasen?"

Tatsächlich weiß ich, dass es nicht so ist. Diese Erfahrung – und auch die vor 15 Jahren mit Anil – stellt die Essenz meines 60-jährigen Lebens dar. Sie ist verbunden mit einem schmerzvollen (täglichen) Weg der Abschiede von meinen egoistischen Wünschen meine Kinder betreffend, mit mühsamen Prozessen des Loslassens und des Versuchs der selbstlosen Liebe. Ich wollte nie – und wollte die Last den Kindern ersparen – bedürftig und von ihnen emotional abhängig sein. Ich wollte nicht statt eigenem Leben das ihre stellvertretend leben. Wichtig war mir immer innere Ehrlichkeit und Offenheit. Ich habe viel von mir verlangt und glaube, dass mir einiges davon „gelungen" ist (bitte nicht falsch verstehen als Selbstgerechtigkeit). So bin ich von meinen verstorbenen Kindern beschenkt worden in einer Weise, die ich jetzt und hier nicht weiter ausführen will. Es gibt für Sterben einen Satz: „Er hat das Zeitliche gesegnet.". Und ein spiritueller Begleiter hat mir einmal gesagt: „Gott berührt Sie mit seiner Liebe durch Ihren Sohn". Ich bin gesegnet worden, und dieser Segen ist weitergegangen an viele Menschen, denen ich begegnet bin und mit denen ich gearbeitet habe.

Dieser Segen ist die Quelle meiner Arbeit mit Menschen und meine tiefste Ressource.

Da sind so viele Christen, auch Theologen, die an die Liebe Gottes und die Vereinigung mit ihm nach dem Tod glauben, aber das scheint nur leerer Rauch in ihrer Wirklichkeit zu sein.
Ihre Worte und Bekenntnisse sind wenig authentisch, wenn man ihre Reaktionen und Gefühle sieht. Stattdessen wird meine Gewissheit und Hoffnung mit Ungläubigkeit und Zweifeln belegt. Vieles davon kann ich auffangen, manches auch ein Stück weit verständlich machen.
Aber es ist anstrengend. Und ich empfinde Scham. Ich gebe etwas von meinem Intimbereich preis, von dem Kostbarsten, das ich besitze, und habe manchmal das Gefühl, es wird irgendwie „missbehandelt".
Zeitweise werde ich sogar innerlich aggressiv.
Was ich möchte, ist, von Ajay zu erzählen, von ihm zu hören: Geschichten, wie er sich verhalten, was er gesagt, getan hat. Aber das ist schon rar geworden, und stattdessen setze ich mich mit den Erwartungen anderer Menschen auseinander.

Bin ich verständlich? Irgendwie zweifele ich an mir und bin doch innerlich sicher.

Bieten Sie mir an, mit Ihnen zu sprechen? Wenn ja, sehr gerne. Wenn Sie mir sagen, wie, wo und wann... Sie wären auch herzlich zu mir eingeladen, falls es nicht zu aufwendig für Sie ist, hierher zu kommen.

Hoffentlich haben Sie nicht meinen Wunsch zu Zusammenarbeit ad acta gelegt.
   Ihnen sehr herzlich viel Gutes, einen gesegneten Advent und – das wäre schön! – auf Wiedersehen.

Jutta

Am 02.01.2006 schrieb Jutta an eine sehr enge Freundin einen Brief mit folgendem Text:

Ich gehe durch unterschiedliche Prozesse der Trauer und des Verlustes. Manchmal sehr verwirrend, anders als es bei Anil war.
   Dabei grundsätzlich meine innere Gewissheit, dass es für ihn und uns gut ist, wie es ist. Einverständnis.
   Nicht getrennt sein auf höherer oder tieferer Ebene. Und trotzdem auf einer anderen Ebene Trauer.
   Vor allem um mich. Keine Perspektiven mehr der „Fortpflanzung", der Verjüngung und Erweiterung der Familie durch Partnerinnen und Enkel. Für mich geht hier mehr und mehr etwas zu Ende. Meine Zukunft liegt nicht in der Projektion auf „Familie".

Jetzt habe ich die Empfindung, dass noch Sunita mich braucht.

Ansonsten könnte und würde ich gerne diese Erde verlassen. So einfach wie meine Söhne. Am liebsten nicht unter Schmerzen.

Aber

Et Kütt wie et Kütt! (Kölsch: Es kommt, wie es kommt)

Neulich hat mich aufgrund eines sehr frühen Anrufs die Panik erfasst, dass wir auch noch Sunita verlieren könnten. Es war einen Tag lang der blanke Horror. Nicht jetzt!!! Dann habe ich mich wieder beruhigt. Grundsätzlich vertraue ich, dass alles so geschehen wird, wie es sein soll. Und wenn etwas kommt, dann kommt es, und wenn es da ist, muss man sehen, wie man damit umgeht....

Sei herzlich umarmt und „gute Zeit"

Ajay hat eine unersetzliche Lücke in unserer Familie hinterlassen. Er fehlte uns mit seinem Witz und Humor, mit seinem raumfüllenden Lachen, seinem Spaß am Feiern, seiner Freundlichkeit und Toleranz, seiner Bereitschaft, einfühlsam zuzuhören, seiner Verschwiegenheit, seinem Zorn über Arroganz und Ungerechtigkeit, seiner Aufmüpfigkeit, Unangepasstheit, seiner Rebellion und seiner Ehrlichkeit.

Wir waren todtraurig ihn hier nicht mehr bei uns zu spüren. Gleichzeitig akzeptierten wir die Trennung, weil wir darauf vertrauen, dass er seine Reise angetreten hatte, die ihm Leben in Fülle bringt.

Er würde nicht wollen, dass wir in Trauer versinken, er würde wünschen, dass wir arbeiten, lachen und feiern wie immer. Er würde sich energisch dagegen wehren, von uns festgehalten zu werden.

Aber er wäre enttäuscht und traurig, wenn man ihn vergessen, und sich nicht gern und immer wieder an ihn erinnern würde.

Von außen betrachtet war unser Leben nicht wesentlich anders geworden. Aber unser Erleben hat sich tiefgreifend nach seinem Tod verändert.

Trauer

Jutta hatte sich mit dem Thema Trauer sehr intensiv beschäftigt.

Sie hatte ein sehr interessantes Referat über die Trauer in Monschau im Rahmen des Lions Club gehalten:

Bis vor ca. 30 Jahren waren Trauer und Tod kein Thema, mit dem man sich öffentlich beschäftigt hatte. Hilfe zur Trauerbewältigung gab es kaum. Alles blieb sehr privat und persönlich. Allenfalls bei religiöser Bindung in den kirchlichen Raum eingebunden.

Die gesamte Sterbe – und Todesproblematik wurde in den 70er Jahren in die Öffentlichkeit und die Medien getragen durch die Schweizer Psychiaterin und Sterbeforscherin Elisabeth Kübler-Ross. Alle Bücher von ihr wurden auch hier übersetzt.

Verena Kast (Schweizer Psychotherapeutin) definiert Trauer als „Die emotionale Reaktion auf den Verlust eines Wertes".

Ich trauere dem Sommer nach, ich trauere um meine verflossene Schönheit, ich trauere einem netten Abend oder einem angenehmen Zustand nach. Wir benutzen den Begriff manchmal ironisch und etwas leichtfertig. Wenn es aber um Trauer und Tod geht, wird das Reden schon viel verhaltener oder Schweigen setzt ein

Wir haben es bei Trauer mit einem sehr vielseitigen und facettenreichen Gefühlsbereich zu tun, der zur Existenz und zur Basis des Lebens gehört.

Was also ist Trauer?

Trauer wird von vielen Menschen, besonders von unserer funktions- und leistungsorientierten Gesellschaft, als ein negatives, störendes Gefühl erlebt, das man nicht wahrhaben und wegdrücken will. In einer Spaß- und Leistungsgesellschaft wird nicht mehr getrauert. In einer funktionierenden Arbeitswelt ist sie fehl am Platz. Trauer wird gleichgesetzt mit Depression, Resignation, Mutlosigkeit, Endzeitstimmung.

Und tatsächlich empfinden Trauernde ja auch so und ähnlich und sind kaum oder überhaupt nicht imstand, beruflich und kommunikativ reibungslos zu funktionieren.

Aber: Trauer ist keine Krankheit und keine Fehlhaltung, sondern die emotionale Reaktion der Psyche auf den Verlust eines Wertes.

Trauer ist die Fähigkeit, sich dieses Verlustes bewusst zu werden, ihn zu realisieren, zu durchleben, zu durchleiden und auf diese Weise zu bewältigen. Es gibt keinen Grund, sich seiner Trauer zu schämen. Sie ist eine notwendige, heilsame Reaktion und wichtige Befindlichkeit. Sie ist eine Voraussetzung zu seelischer Gesundheit.

Wir können mit Fug und Recht sagen, dass Trauer zu den starken Grundgefühlen wie Freude, Hass, Wut, Traurigkeit, Angst und Lust gehört und auch dieselbe Daseinsberechtigung hat wie diese genannten Gefühle.

Wir bringen Trauer meist in Verbindung mit Tod und Sterben. Wobei „Sterben" den Prozess bezeichnet und „Tod" den Endzustand.
Wenn wir von diesem endgültigen Tod sprechen, meinen wir

die existentiell einschneidendste Art des Verlustes: nämlich das Ende dieses Lebens. Darauf reagieren wir – wie schon gesagt – mit Trauer.

Aber nicht nur Menschen trauern, sondern auch Tiere und Pflanzen.

Sie kennen wahrscheinlich alle aus eigener Erfahrung oder vom Hörensagen, wie z.B. Hunde um ihren verlorenen Herrn oder ihr verlorenes Frauchen trauern und klagen. Wie sie die geliebte Person überall suchen, wie sie Fressen und Trinken verweigern und jede Lebensfreude verlieren – manchmal sogar sterben. Vielleicht haben Sie aus Büchern oder durch andere Medien erfahren, dass auch Tiere in der Wildnis eine verstorbenes Mitglied ihrer Herde oder Gruppe nicht einfach liegenlassen und ignorieren, sondern darum klagen und in festgesetzten Ritualen von ihm Abschied nehmen.

Diese Rituale werden umso „menschlicher", je höher entwickelt die Tiere sind.

Sogar Pflanzen reagieren, und zwar mehr und anders, als man gemeinhin erwarten würde.

Wir wissen das deshalb, weil es vor Jahren aufsehenerregende Versuche mit Lügendetektoren gab, an die man auch Pflanzen anschloss. Dabei stellte sich heraus, dass Pflanzen Blätter hängen ließen und auch verloren, wenn Pflanzen in ihrer Nachbarschaft krank wurden, wenn man deren Zweige oder Blüten abriss oder abbrach. Die Ausschläge der angeschlossenen Pflanzen auf dem Detektor in diesen Situationen waren dramatisch. Sie reagierten ähnlich, wenn sie das Desinteresse und die Lieblosigkeit der Menschen spürten, die sie pflegten. Und Sie alle wissen, dass diejenigen, denen man ein Händchen für Pflanzenpflege nachsagt, auch mit ihren Pflanzen sprechen.

All das zeigt deutlich, dass nicht nur Menschen, sondern alles Lebendige über die emotionale Fähigkeit verfügt, auf Krankheit, Abschied, Verletzung und Tod zu reagieren, und zwar mit dem Gefühl der Trauer.

Ich fasse noch einmal zusammen:

Trauer ist keine Krankheit, sondern eine Emotionale, gesunde und heilungsfördernde Reaktion der Psyche auf den Verlust eines Wertes.
Im Gegenteil ist es Krankmachende und heilungshindernd, sie nicht zuzulassen, zu ignorieren und zu verdrängen.

Der Tod ist – wie bereits erwähnt- in unserer Welt nur das äußerste extreme Ereignis, das Trauer auslöst.

Aber das Lebensende ist nicht die einzige Art, durch die Sterben und Tod gegenwärtig sind, sondern es gibt vielfältige andere Aspekte des Todes: Wir benennen sie mit folgenden Worten:

Veränderung, Wandlung, Abschied, Verlust, Trennung, Ende, Abschluss.
Sie durchziehen und begleiten das Leben von seinem Beginn an.

Wir drücken das u.a. in der Sprache aus, wenn wir sagen, dass wir schon viele kleine Tode gestorben sind, dass der Schlaf der kleine Bruder des Todes ist, oder wenn wir in einer Krise sagen, wir fühlten uns, als ob wir sterben müssten.

Verluste, Abschiede, Trennungen, Veränderungen: Auch auf all diese so genannten kleinen Tode reagieren Men-

schen natürlicherweise mit dem schon benannten Gefühl: Der Trauer.

Zu einem normalen, gesunden Leben gehört sie deshalb, weil Tod und Verlust untrennbar in jedes Leben eingebunden sind.

Tod und Sterben sind Teil des Lebens.
Wir erleben in der Natur die Zyklen der Vergänglichkeit.

Blüten müssen welken, damit Früchte zur Reife kommen können, im Winter erstarrt das pulsierende Leben, um aus tiefer Ruhe, die wie Tod aussieht, regeneriert zurückkehren zu können.

Die Pflanzenwelt muss absterben und verrotten, damit neuer Humus entstehen kann.

Pflanzen und Tiere müssen als Nahrung zerkaut und zersetzt werden, damit die zerlegten Stoffe vom Körper verwertet werden können.

Jedes Leben nährt sich von Leben.

Leben kann nur existieren, indem es sich von Lebendigem nährt. Das sind immer Vernichtungsvorgänge, die schon im anorganischen Bereich beginnen. Dort spricht man aber von Verwandlung und Veränderung von Stoffen, nicht von Tod. Von Tod spricht man erst bei Organismen. So entsteht z.B. – um ein für uns gut sichtbares Beispiel zu nennen – die für Leben unentbehrliche Wärme durch Verbrennung anderer Stoffe, durch ihre Zerstörung (Kerze, Holz, Kohle). Das setzt sich fort: Tiere und Menschen essen lebendige Pflanzen, Tiere fressen Tiere. Menschen ihrerseits essen Tiere und Pflanzen.

Darüber hinaus zeigt die Geschichte, dass auch Menschen Menschen töten, wenn es darum geht, für sich neue Lebensmöglichkeiten zu gewinnen oder um selbst zu überleben.

Raum für neues Leben entsteht in der Natur immer und nur, indem altes, verbrauchtes oder schwaches stirbt. Stellen Sie sich uralte ausladende Bäume vor, unter denen Sie gewiss schon gestanden oder gesessen haben und in deren Schatten nichts mehr wachsen kann, nicht einmal Moos. Deshalb muss mit Hilfe der Forstwirtschaft Wucherndes und Krankes entfernt werden, damit der Wald gedeihen kann, damit anderen Pflanzen auf diese Weise Boden, Licht und Raum – also Leben – gewährt wird.

Dasselbe tun Sie, wenn Sie Ihre Gärten pflegen und kultivieren.

Sie vernichten Schädlinge, sie rupfen Unkraut, sie beschneiden Sträucher und Bäume. Sie vernichten unerwünschte Pflanzen und Tiere.

Gäbe es keinen Tod, wäre in der biologischen Welt kein Raum und kein Platz mehr für nachfolgende Lebende. Der Planet würde aus den Fugen krachen.

Auch in unserem Körper – ebenso wie in jedem Organismus – sterben ständig Zellen und entstehen neu. Nach 10 Jahren Lebenszeit hat sich unser Körper „neu gebildet". Neue Haut, neue Haare, neue Nägel, neues Blut, neue Zellen.

Der Säugling, das Kind, der Erwachsene, der alte Mensch sind nicht dieselben. Dass sie lebendig sind, sieht man daran, dass ihre Körper unmerklich ständig vergehen und immer wieder neu entstehen.

Nicht anders verhält es sich in der seelisch-geistigen Entwicklung.

Kindliche, unreife, jugendliche Einstellungen, Meinungen, Glaubensformen müssen aufgegeben werden, müssen sterben, um neuen erwachsenen Platz machen.

Auch in jedem individuellen menschlichen Leben- einschließlich des Biologisch- Physiologischen- erleben Menschen ständig Abschiede.

Jede Mutter muss sich bei der Geburt aus der symbiotischen Verbindung mit ihrem Baby trennen. Das ist das Sterben einer Symbiose. Dann wird der abhängige und anschmiegsame Säugling zum trotzigen Kleinkind, das Kind verlässt – manchmal mit Widerstand und Tränen – seine Mutter, um in den Kindergarten und in die Schule zu gehen. Es trennt sich stückweise in der Pubertät vom Elternhaus, und die Clique wird wichtig. Der Jugendliche und junge Erwachsene gibt vielleicht, zum Kummer der Eltern, traditionelle Werte und Lebensstile auf. Er beginnt ein eigenes, individuell geprägtes Leben mit Partner und eigener Familie.

All das und vieles mehr ist für die Betroffenen vielfach mit Schmerzen und Konflikten, mit Trauerprozessen, verbunden. Man verliert etwas, das wertvoll und wichtig war, etwas hat sich überlebt und das neu Entstehende will erst allmählich entdeckt und integriert werden.

Das sind die natürlichen und notwendigen Abschiede und Wandlungen. Jedoch ist ein normales Leben selbstverständlich auch voll von Verlusten nicht natürlicher Art:

Der Unfalltod eines Haustieres, das Zerbrechen eines geliebten Spielzeugs, der Abgang eines Freundes, der Verrat, die Unzuverlässigkeit von Menschen, denen man vertraut, ein Umzug, ein Ortwechsel mit neuen Plätzen, ein neuer Arbeitsplatz mit unbekannten Einrichtungen, fremden Menschen.

Der Verlust der Arbeitsstelle, der Verlust von Gesundheit, der Abschied von Jugend, Attraktivität, Schönheit. Der Verlust von Leistungs- und Schaffenskraft.
   Schwerwiegend kann der Verlust religiöser Sicherheiten, Ideale und Glaubensvorstellungen sein. Der Verlust des Glaubens an ethische Werte. Der Verlust von Sicherheit und Vertrauen, Enttäuschung durch Menschen, auf die man gebaut hat und die einen betrügen und verlassen.
   Der Zerfall einer familiären Gemeinschaft, Trennung und Scheidung.

Man kann aber auch etwas betrauern, das man nicht gehabt hat und nach dem man sich vergeblich lebenslang sehnt: das Gefühl, erwünscht zu sein, das Wissen um Akzeptanz, um Anerkennung, um Liebe, um Respekt.
   Man kann nicht erlebte Partnerschaft betrauern, nicht erlebte Mutter- oder Vaterschaft.
   Und besonders schlimm ist es, versäumte Entwicklungschancen und brachliegende Talente zu beklagen.

All das sind persönliche, individuelle Verluste und Abschiede, die alle mehr oder weniger intensiv beklagt und betrauert werden.
Daneben gibt es kulturelle und kollektive Tode, die Kulturtrauer und kollektive Trauer nach sich ziehen:

Von kulturellem Tod und Sterben sprechen wir im Gedanken an Menschen, deren Kultur von Verfall und Zerstörung bedroht ist.

Erinnern Sie sich an die Ausrottung von Indianervölkern, deren Überlebende bis heute in Ghettos oft dahinvegetieren.

Denken Sie daran, wie die schwarzen Völker Afrikas von weißen Völkern als Untermenschen und Sklaven misshandelt wurden und werden.

Und wie sich aus der Trauer der Opfer eine neue Musik entwickelt hat: Gospels und Spirituals.

Denken Sie an die Vernichtung und Vertreibung der Aborigines in Australien, und wie wir seit Jahren miterleben, wie ein Volk und eine Kultur systematisch ausgerottet werden: nämlich Tibet und China.

Es gibt auch die durch Katastrophen und Wohlstandsgefälle vertriebenen Völker. Denken Sie an die gegenwärtigen Wanderbewegungen von Afrika nach Europa. Heimatverlust und soziale und religiöse Desorientierung sind die Folgen.

Auch das mühsam zusammenwachsende Europa oder die zusammengefügten Teile Deutschlands erleben tief greifenden Struktur- und Rechtswandel.

Politische, gesellschaftliche Systeme und gewohnte Sicherheiten beginnen zu wanken, sie müssen aufgegeben und neue akzeptiert werden.

Damit verlieren wir zunächst wesentliche Aspekte unserer politischen und sozialen Identität. Ein Teil unserer Identität stirbt. Wir können Neues jedoch nur integrieren, wenn wir uns mit dem Verlorenen beschäftigen und es betrauern.

Wenn Raum und Zeit zur Verfügung stehen, um sich allmählich verabschieden und dann anpassen zu können.

Von kollektivem Tod sprechen wir, wenn eine große Gruppe oder ein Volk von einer Katastrophe oder einem Krieg oder einem Terrorakt betroffen werden.

Sie alle haben in lebhafter Erinnerung den Terroranschlag vom 11.09.2001, den Tsunami in Asien Weihnachten 2004 oder auch – wenn Sie ein wenig zurück denken – die Weltkriege mit ihren Vernichtungen und Vertreibungen.

Solche Ereignisse- kulturelle und kollektive Vernichtung – stürzen Menschen kollektiv in Bestürzung, Bedrohung, Angst und Entsetzen. Ganze Nation oder Völker reagieren mit sogenannter kultureller oder kollektiver Trauer. Eins der letzten beeindruckenden kollektiven Trauerphänomene, das wir miterlebt haben und dem sich sogar die englische Königin unterwerfen musste, war die Reaktion der Briten auf den Tod von Prinzessin Diana.

Allerdings beobachten wir dabei häufig, wie sehr Trauer auch kollektiv verdrängt wird und welche schlimmen Folgen aus der Verdrängung mangelhafter Aufarbeitung entstehen.

So war der Zweite Weltkrieg wenigstens teilweise eine Folge des nicht verarbeiteten und betrauerten ersten Weltkrieges.

Und als eine Folge der Nichtverarbeitung des Nationalsozialismus haben wir heute ein Problem mit den Neonazis.

Das Einzig Unveränderliche ist die Veränderung.

Aus alldem, was ich nur unzureichend und knapp dargelegt habe, geht jedoch klar hervor:

Das einzig Unveränderliche in diesem Kosmos und unserer Welt ist die dauernde Veränderung. Das einzig Bleibende ist die Gewissheit, dass nichts bleibt, wie es ist. Wer diese Tatsache nicht wahrhaben will, leugnet und verdrängt die tiefste Realität des Lebens.

Ulrich Schaffer fasst in einem Text treffend zusammen, was ich hier ausgeführt habe. Hören Sie:

„Wir haben etwas und halten es dann ganz fest. Irgendwann haben wir es nicht mehr und beginnen zu leiden. Es gibt nichts auf der Welt, was wir auf immer haben. Weder das Glück mit unserem Partner noch genug Geld, um uns alle Wünsche erfüllen zu können, weder die ständige spürbare Nähe Gottes noch die tiefe Zufriedenheit mit sich selbst, weder Gesundheit noch Jugend. Wir mögen etwas für eine gewisse Zeit haben, aber dann verändert sich unser Leben. Diese Veränderung ist sehr schmerzhaft. Wir wechseln von einem Zustand, an den wir uns schon ganz und gar gewöhnt haben, in einen anderen Zustand, den wir nicht mögen und den wir ablehnen. Aber dieser zweite Zustand wird unweigerlich irgendwann eintreten. Darum scheint es sinnvoll zu sein, ihn schon „mitzudenken", während wir im ersten Zustand leben. [...]

Es ist ein Zeichen von Reife, wenn man weiß, dass sich alles, irgendwann verändert. Es ist gut, diese Veränderung schon im Kopf zu haben, um von ihr nicht aus den Schuhen gehauen zu werden.

Die einzige Sicherheit, die wir haben, ist, dass sich alles verändert."

Die Notwendigkeit der Akzeptanz

Wo Sie auch hinschauen, die Erfahrung ist also, dass nichts bleibt, wie es ist.

Zunächst einmal ist es wichtig, dies als eine Tatsache, eine Realität, an der nicht zu rütteln ist, hinzunehmen.
Wir müssen es nicht hinnehmen, wie manche behaupten. Wir können uns ungebeugt und hartnäckig auflehnen, hadern

und leiden. Ich kenne Menschen, die gleichsam erstarrt und vereist sind in ihrem Zorn und ihrer Auflehnung. Wir können dauerhaft Widerstand leisten. Wir können uns bei Gott und beim Schicksal beklagen. Wir können fluchen und Gott verwünschen. Wir können nach dem Warum fragen – endlos und immer wieder neu. Wir können ohne Ende gegen die Wand rennen und „Warum" schreien, aber das wird nichts ändern, außer, dass es uns immer schlechter geht.

Gegen einen nicht zu beseitigenden Widerstand anzukämpfen, schlägt schließlich auf den Kämpfenden zurück, so wie ein Bumerang zurückkommt. Klug dagegen ist der, welcher erkennt, wann er nicht mehr erreichen kann, wo er den Kampf aufgeben und die Realität annehmen muss.

Das Märchen „Der Gevatter Tod" - Grimms Märchen

Märchen sind nicht nur Kindergeschichten, sondern für Erwachsene geschrieben. Sie sprechen in klaren Bildern – nicht abstrakt und theoretisch – von den Gesetzen des Lebens und der Seele.

Auch wenn wir in unserem technisch fortgeschrittenen Zeitalter stückweise die Illusion nähren, wir wären Herren über Leben und Tod, machen uns schnell Naturkatastrophen, neue Keime, neue Krankheiten, Klimaveränderungen und überhaupt die Konsequenzen unserer Eingriffe und Manipulationen einen Strich durch die Rechnung.

Menschen haben immer gegen den Tod gekämpft und tun es weiter. In vielen Bereichen und Aspekten ist dieser Kampf auch gut und richtig. Sonst hätten wir kein medizinisches

Wissen und keine fortgeschrittene Zivilisation. Es geht nicht darum, alles geschehen zu lassen und zu resignieren.

Sinnlos wird der Kampf aber da, wo man nicht oder nicht mehr die Grenzen des Handelns wahrnimmt, wenn man den Tod selbst **grundsätzlich als Feind sieht, der ausgerottet werden sollte.**

So ein Kampf ist letztlich immer aussichtslos und führt zu vermehrtem Leiden, Frust und Niederlagen.
Da haben uns die Asiaten in mehr Gelassenheit einiges voraus.

Die andere Seite der Münze

Die Helle Seite des Dunkeln

Nach all dem, was ich bisher ausgeführt habe, entsteht möglicherweise der Eindruck, dass bei dieser Sachlage nur Verzweiflung oder Resignation übrig bleibt.

Aber Sie sollen weder deprimiert noch voller Abwehr und Ablehnung von hier weggehen.

Weil dieses Schwere, Dunkle nur die eine Seite der Wirklichkeit und nicht das Ganze ist.

Eben da liegt der Denkfehler: in der Einseitigkeit.

In der Einseitigkeit, nur den schmerzlichen dunklen Aspekt zu sehen, der natürlich existiert und als solcher anerkannt, gewürdigt und gelebt werden will. Nicht nur will, sondern muß.

Es führt kein Weg daran vorbei, durch die Dunkelheit und den Schmerz zu gehen.

Aber es gibt noch die andere Seite:

Dass nämlich immer aus Zerstörung Neues entsteht.
Zunächst einmal – neutral, objektiv gesehen – wird bisher besetzter Raum entleert, was im Schmerz des Verlustes als sinnlose Leere empfunden wird, aber die spätere Möglichkeit bietet, ihn als für etwas anderes frei gewordenen Raum zu erleben.

Stellen Sie sich vor, Sie haben eine Wohnzimmereinrichtung aus geerbten Möbeln, an denen Sie hängen, weil sie Sie an Traditionen Ihrer Familie erinnern und auch stabil und wertvoll sind. Nun stellt sich heraus, dass Sie vom Holzwurm befallen sind und alle entfernt werden müssen. Sie stehen enttäuscht und traurig in einem leeren Wohnzimmer. Aber dann erinnern Sie sich, dass Sie wunderbare moderne Möbel bestaunt haben, für die Sie bisher keinen Platz hatten und deshalb einen Kauf nicht in Erwägung gezogen haben. Und Sie fangen an, sich das Wohnzimmer in einer ganz neuen, hellen, freundlichen Atmosphäre vorzustellen. Sie entdecken, dass Sie jetzt kreative Möglichkeiten der Gestaltung und Einrichtung haben, die vorher einfach nicht in Frage kamen.
Und Sie beginnen, sich zu freuen und neugierig auf das Neue zu werden, das da möglich wird.
Es ist ein Gesetz dieses Kosmos, dass Untergang und Neubeginn unauflöslich miteinander verbunden sind, dass eins die Voraussetzung für das andere ist. Sie sind die beiden Seiten der einen Münze. Sowie Geburt und Tod die beiden Seiten der einen Münze sind.

Und dies bedeutet eine tiefe Erfahrung: Sterben nicht nur als **Abbruch, Vernichtung, Auslöschung zu erleben, sondern auch als Anfang und Chance.**

Dem entspricht ein Ausspruch aus dem Neuen Testament, in dem Jesus sagt, dass das Weizenkorn in die Erde fallen und sterben muss, damit es neue Frucht bringt.

Alte Mythen spiegeln dieses Wissen der Zusammengehörigkeit von Leben und Tod.

Im griechischen Mythos von Demeter und Persephone verliert die große Mutter- und Erdgöttin ihre schöne junge Tochter an den Gott der Unterwelt. Er raubt Persephone, verschleppt sie zu den Toten und macht sie zu seiner Frau. Demeter kämpft mit allen Mitteln, um ihre Tochter aus der Macht des Todesgottes zu befreien und erreicht mit Hilfe von Zeus, dem Göttervater, einen Kompromiss: eine Hälfte des Jahres darf Persephone auf der Oberwelt im Licht bei ihrer Mutter bleiben, die zweite Hälfte des Jahres muss sie im Hades verbringen.

Ähnliche Bedeutung haben die griechischen Mysterienkulte. Während dieser alten Riten erlebten die Adepten ihren eigenen Tod, um dann erneuert wiedergeboren zu werden. Die Kulte waren geheim. Sie waren nur Auserwählten vorbehalten.

Das heißt, es war ein elitäres Zeichen der Auserwählung, die Erfahrung zu machen, dass Tod nicht Auslöschung, sondern neue Geburt beinhaltet.

Ähnlich verlaufen andere Göttergeschichten, in denen immer wieder vom Sterben und Neugeborenwerden der Götter und der Welten die Rede ist. Im indischen Hinduismus wird einer der Hauptgötter, Shiva, tanzend dargestellt, wie er im kosmischen Tanz Welten vernichtet und aus den zerstörten neue erstehen lässt.

Und schließlich ist auch im neuen Testament der Tod die Voraussetzung für Jesu Auferstehung und Himmelfahrt.

Nur mit dieser Erkenntnis kann Tod als Durchgang, als Medium der Wandlung, als Beginn zum neuen Werden begriffen werden. Und nur so verliert er seinen ultimativen Schrecken.

Existentieller, endgültiger Tod beginnt da, wo sich nichts mehr wandelt, wo dauernde Erstarrung und Versteinerung eintritt – im organischen wie im seelischen Bereich. Der endgültige Tod beinhaltet auch das Ende jeden Lebens.

Ein ganzheitliches Verständnis des Todes beeinflusst wesentlich den Umgang mit ihm und als Konsequenz natürlich auch den Weg der Trauer.

In dieser Welt haben wir nicht die Möglichkeit, das grundlegende Gesetz des ständig gegenwärtigen Sterbens als Grundlage des Neuwerdens zu verändern.

Wie schon gesagt: Es gehört zur Klugheit, zu erkennen, wo man machtlos ist.

Niemand käme auf die Idee, das Gesetz der Schwerkraft aufheben zu wollen. Erreicht man durch alles Handeln nicht das erwünschte Ziel, kann es nur eine Verbesserung bringen, die Realität als solche zu akzeptieren und anzuerkennen und Energien darauf zu konzentrieren, wie man am Besten mit ihr umgehen kann. Damit gewinnt man neuen Freiraum und braucht nicht mehr länger gegen eine Wand anzurennen.

Durch echte Akzeptanz, die nicht mit Resignation zu verwechseln ist, geschieht also etwas sehr Wichtiges:

Das Gefühl von Ohnmacht und Ausgeliefertsein – eins der schlimmsten überhaupt – löst sich auf, und es entsteht neuer Handlungsspielraum. In Widerstand gebundene und gehaltene Energie wird freigesetzt und steht für Neuanfänge zur Verfügung.

Wenn wir Tod und Verlust nur als Zerstörung und Vernichtung sehen, verharren wir in Einseitigkeit, fixieren uns auf die dunkle und bedrohliche Seite und blockieren jeden Perspektivenwechsel.

Ein halbes Glas Wasser kann man als schon halb leer und als noch halb voll bezeichnen. Wahr ist beides. Entscheidend ist der Blickwinkel, die Perspektive.

So kann man – bei allem Respekt vor dem Schmerz des Vergehens und Sterbens – trotzdem die Position wechseln und sich Wachstums- und Reifungschancen öffnen, die der Umgang mit dem Tod bietet.

Hermann Hesse drückt das wunderbar in seinem Gedicht „Stufen" aus:

> *Wie jede Blüte welkt und jede Jugend*
> *Dem Alter weicht, blüht jede Lebensstufe,*
> *blüht jede Weisheit auch jede Tugend*
> *zu ihrer Zeit und kann nicht ewig dauern.*

> *Es muss das Herz bei jedem Lebensrufe*
> *Bereit zum Abschied sein und Neubeginne,*
> *um sich in Tapferkeit und ohne Trauern*
> *in neue andre Bindungen zu geben.*
> *Und jedem Anfang wohnt ein Zauber inne,*
> *der uns beschützt und der uns hilft zu leben.*

Wir sollen heiter Raum um Raum durchschreiten
an keinem wie an einer Heimat hängen.
Der Weltgeist will nicht fesseln uns und engen
Er will uns Stuf um Stufe heben, weiten.
Kaum sind wir heimisch einem Lebenskreise
Und traulich eingewohnt, so droht Erschlaffen.
Nur wer bereit zu Aufbruch ist und Reise
Mag lähmender Gewöhnung sich eintreffen.

Es wird vielleicht auch noch die Todesstunde
Uns neuen Räumen jung entgegen senden.
Des Lebens Ruf an uns wird niemals enden...
Wohl an denn. Herz! Nimm Abschied und gesunde.

Die Bedeutung der geistigen Haltung

Die Bereitschaft, sich auf beide Seiten des Todes einzulassen, auf seine dunklen und auf seine hellen Seiten, findet meist ihren Ausdruck in einer spirituellen Ausrichtung oder einem religiösen echten Glauben. Und das hat entscheidenden Einfluss auf den Weg der Trauer.

Ich habe Menschen erlebt, die einem platten Materialismus huldigten.
„*Wahr ist nur, was ich sehen und anfassen kann. Wenn etwas oder jemand stirbt, ist er vernichtet, zerstört - kaputt. Es ist dumm, Hoffnung zu rechtfertigen, dass etwas bleibt.*"

Daraus erwächst nicht selten nackte Verzweiflung und/oder ohnmächtige Wut, sobald ein geliebter Mensch stirbt. Ich habe erlebt, wie Trauernde in Hoffnungslosigkeit wie gegen eine Wand rannten, ohne dass es Trost für sie gab.

Meiner persönlichen Meinung nach erfordert Nihilismus mehr Glauben als religiöser Glaube. Er ist in dieser Form auch nicht ohne Weiteres mit moderner Naturwissenschaft vereinbar, sondern eher einem positivistischen, einseitig materialistischen Weltbild vorheriger Jahrhunderte zuzuordnen. Er scheint sich der Auseinandersetzung mit unterschiedlichen Ebenen der Wirklichkeit radikal verschließen zu wollen. Moderne Erkenntnis betont eher, dass es immer nur Verwandlung, nicht aber nihilistische Zerstörung gibt.

Antennen und Beziehung zu spirituellen Ebenen – sei es kirchlich gebundene Religiosität oder auch nichtkonfessioneller Glaube an einen letzten Sinn – geben im Angesicht von Abschied und Tod festen Boden unter die Füße. Nach meinen Erfahrungen mehr als alles andere.
Voraussetzung ist allerdings, dass eine solche Haltung authentisch ist, dass sie erkämpft, erlebt, erahnt, erarbeitet, erfahren oder von tiefem Vertrauen getragen ist.

Wenn das nicht der Fall ist, wenn also Sinnfragen nie gestellt werden, wenn ein Glaube konventionell und angelernt ist, ohne geistig-seelisches Eigentum zu sein, wenn ein Glaube sich seit der Kindheit nicht verändert hat, dann brechen die bisher nicht gestellten Fragen mit einer existentiellen Wucht auf, die ihresgleichen sucht. Allerdings bietet sich hier auch eine enorme Gelegenheit der geistig-religiösen-spirituellen Auseinandersetzung und Entwicklung – falls sie denn wahrgenommen wird.
Deshalb ist zu empfehlen – auch wenn man noch nicht von direkter Betroffenheit durch den Tod dazu gezwungen wird – sich schon vorher solchen Fragen zu öffnen und sich mit ihnen zu beschäftigen. Manchmal ist es jedoch auch so, dass durch das heftige Aufbrechen der Krusten und den Zusammenbruch des Alltäglichen in der Trauererfahrung Menschen

offen werden für Erlebnis- und Erfahrungsebenen, die weit über das Bisherige hinausgehen. Was dann auch wieder eine der positiven Seiten der Trauer wäre.

Kapitel 5
Juttas Gedichte

Im Sommer 1983, nach einer schweren Lungenentzündung, fuhr Jutta allein zur Kur nach Juist. Sie hatte die Nordsee immer sehr geliebt und wollte jedes Jahr dorthin fahren. Fernreisen mochte sie nicht besonders gern. Daher fuhren wir in späteren Jahren fast jedes Jahr mit den Kindern an die Nordsee, Langeoog, Texel (Holland) und nach Domburg (Holland) in den Urlaub.

Jutta hatte an der Nordsee viele Fotos gemacht und dabei hatte sie Gedichte geschrieben.

Watt

Soweit die Augen schauen, dehnt sich das Watt…
Grauschimmernde Ebene,
die am Horizont dem Himmel begegnet.
Licht tanzt auf dem strömenden Wasser
Kleiner Priele und Teiche, zurückgelassen vom Meer.
Neben diesen lebendigen Strukturen
Auch erstarrte Wellenbewegung.
Im schieferfarbenen Schlick und Sand:
Festgehaltene Erinnerung an Flüchtiges.
Hier und da Haufen klobiger Steine. Kompakte Materie
Im stets sich Verändernden
Und doch so Gleichförmigen. Tang-ähnliche Pflanzen
Liegen mit nackten, schwarzen Ästen
Von der See hierher gespült
Auf dem weichen Boden. Und hoch darüber silberige Weite,
aus der die Sonne eine blendende

Lichtbahn über das Watt streut. Reichtum
Der Formen und Farben in Kargheit und Eintönigkeit.

Bild 29: Watt

Wattwiesen

Die eintönige, braun-grüne Fläche
Endloser Wattwiesen Mündet ein
In das vollendet Geborgene Halbrund
Eines unverstellten Horizonts.
Vollkommener Kreis – Symbol des in sich Geschlossenen
Und doch der Unendlichkeit Geöffneten.
Nichts stellt sich störend dem Blick entgegen.
Nur manchmal ziehen aufsteigende Vogelschwärme,
dunkle Silhouetten weidender Tiere
oder eines Kutters am Ende der Erde
die Achtsamkeit auf sich,
Winzige Gestalten in der Weite des Raumes
Rücken sie verzerrte Größenmaßstäbe zurecht.
Über diesen kargen Weiden
Wölbt sich die hohe Kuppel
Des blassen Septemberhimmels.
Bild einer Leere, die über sich hinausweist.
Dem Erlebnis des Schauens
Gleicht das des Lauschens:

Abwesenheit lärmender Geräusche,
nur das immer gleiche Lied des Windes,
der in den Ohren singt,
untermalt von rauen Vogelschreien.
Stille und Leere –
Erlösung von der
Überflutung durch Sinnenreize,
die schöpferische Impulse erstickt,
statt sie reifen zu lassen.
Nichts, das Fülle verspricht.

Sommertag

Die Dünen verlassend
Auf dem Weg zur Inselspitze Lasse ich meine Augen ruhen
Auf dem schmalen Streifen des Wattenmeeres.
Wo Sonnenstrahlen und Wellen
In beschwingtem Tanz miteinander spielen.
Sanfter weht heute der Wind.
Mit zärtlichen Fingern Streichelt er meine Haut,
gleitet wie kühlendes Tuch um meinen Körper,
mildert die brennende Hitze
und lässt keine Schlaffheit aufkommen.
Er legt Salz auf meine Lippen,
trägt mir Tanggeruch zu
und den von fern rauschenden
Gesang der Brandung.
Geblendet vom Glanz des Lichtes, die Augen geschlossen,
im Bewusstsein der Lebendigkeit meines Körpers
mit allen Sinnen die Schönheit der Stunde aufnehmend,
die Füße eintauchend in glatten Sand,

später seine wellenförmige Festigkeit ertastend,
zieht es mich in blau-weiße Einsamkeit,
die erfüllte ist von den Stimmen der Ruhe:
dem Rauschen des Meeres und des Windes.

Bild 30: Sommertag

Lichtkontraste

Eben noch sonniger Spätsommertag –
Da drängen über die Dünen Wolken gegen das Meer
Und schon steht am westlichen Himmel über dem schmalen,
bleifarbenen Band der See – noch ist Ebbe –
Eine riesige, ins dunkle Violett spielende Wand,
vor der die ockerne Weite des Strandes nichtig wird.
Hoheit atmet die Schöpfung, Lässt mich demütig erkennen,
welcher Platz mir zukommt.
Der Blick schweift nach Norden: Hier leuchtet lichtblauer
Himmel.
Duftige Wolken schweben über kaum bewegtem Wasser.
Im Osten aber Tauchen abendliche Sonnenstrahlen
Die Wolkenmauer durchbrechend
Konturen der Nachbarinsel in so gleißendes Licht,
dass die Silhouetten ihrer Häuser funkeln und glitzern
gleich Palästen.

Kontraste von Blick zu Blick, Licht- und Farbenwechsel
Von Minute zu Minute:
Bedrohlichkeit aufsteigender Wetterwände,
Trost Hellen Wolkenspiels über dem Meer.

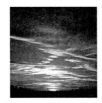

Bild 31: Lichtkontraste

Am Strand

Am Ende der Insel Schwingt der flache Strand
– Bei Flut Vom Meer überströmt –
In die Umarmung des Himmels.
Über diese Ebene Jagt der Wind Sand
So schnell und gleichmäßig dahin,
dass die Bewegung zum festen Bild zu erstarren scheint.
Über mir dehnt sich grenzenloser Raum,
blaue Tiefe, in der leuchtende Wolkenberge schwimmen.
Ich wende mich hin Zur offenen See.
Wind tobt in meinen Ohren.
Grüne Wogen brechen sich
In weißen Brandungsketten –
Anschwellend – abschwellend –
Ewig gleiche Bewegung des Meeres,
das kommt und geht, sich hebt und senkt.
Ich werfe mich dem Wind entgegen.
Gehe wie betrunken von Herrlichkeit in Unendlichkeit hin-
ein...

Bild 32: Am Strand

Abend am Meer

*Regnerisch Dämmernder Abend am Meer...
Der Strand Tier- und Menschenverlassen:
Stumpfgrünliche ockerfarbene Öde----
Linien verwischen sich Flächen
Verschwimmen Grenzenlos.
Meer, Himmel, Strand und Dünen Fließen Ineinander
über.....
Gefahrvolle, drohende, ins Unendliche sich verlierende
Weite,
in der ich unbedeutend und überflüssig bin.
Jede Form des Lebens Scheint erstorben in der Wüste
der Urlandschaft, in der allein die Gesetze des Windes
und des Wassers herrschen.*

Dünen

Geformt Von Wind und Wasser –
Sandige Wellengebilde
Mit spitzen Kämmen
und sanft hinab gleitenden Hängen –
schwingende, verletzliche
und doch starke- gegen die Macht der See schützende Kette,
die in ihrer wandelbaren Gestalt
den Rhythmus der Nordsee bewährt.
Millionenfach zerriebener und gewaschener Sand,
feinkörnige Materie,
die samtweich und glatt durch die Finger rinnt.
gehalten nur durch die zähen, tiefgreifenden Wurzeln
des Strandhafers, der sich anmutig im Winde wiegt.
Ich liege in einem Dünental.
Mein Körper schmiegt sich In die trockene Wärme
Einer Sandmulde.
Sonnenstrahlen zaubern einen wirbelnden Tanz
goldener Lichtpartikel in die Schwärze
hinter geschlossenen Augen.
Bienengesumm – vertraut
und doch fremd geworden
in dieser blumenarmen Landschaft –
unaufhörliches Grillenzirpen – zart
und doch nicht zu übertönen
vom Brausen des allgegenwärtigen Meeres –
umgeben mich.

Bild 33: Dünen

Sturm

Hochflut bei Sturm –
Graue, Schäumende Wasserwüste,
Wellen mit schmutzig-weißen sich überschlagenden Kämmen
Gurgeln um Strandkörbe, die im Wasser kreiseln.
Von Westen Tobt es Nach Osten
Die Luft tönt Vom wilden Gesang
Des Sturmes, der alles Bewegliche vor sich her jagt.
Flugsand – Dicht über dem Boden,
staubfeine, weiße Schicht, in rasender Schnelligkeit
über Dünen und Strand gefegt –
tief sich neigende Strandhaferfelder Setzen
das rhythmische Wehen des Windes um ins Anschaubare.
Ehe ich mich versehe, bin ich ans Ostende
der Insel gelangt, getragen mehr als gelaufen.
Wenn ich die Arme ausbreite, werde ich fliegen.
Der Weg zurück – Ein Kampf.
In ungezähmter Wildheit,
ungezügelter Kraft wirft sich der Sturm mir entgegen,
greift mich an, peitscht mir Böen ins Gesicht,
erfüllt mich mit aggressivem Leben,
so dass ich schreien möchte vor Lust,
während ich mich ihm entgegenstemme.
Nadelspitze Sandkörner Fliegen in Augen,

Nase und Mund, stechen schmerzhaft in die Haut.
Die Luft ist feucht und klebrig von Salz.
Wenn ich kaum noch atmen kann,
wende ich dem Wind meinen Rücken zu.
Da steht er hinter mir Gleich einer festen Wand,
an die ich mich lehnen kann,
um – völlig verschwitzt –
Luft zu holen
Für das nächste Stück Weg.

Bild 34: Sturm

Nach dem Sturm

Nach dem Sturm Tröstliche Sonne.
Die Wolkendecke Reißt auf.
Noch steht das Wasser hoch.
Bis an den Fuß der Dünen
Flutet über die Wattwiesen das Meer,
eine wie flüssiges Zinn schimmernde Fläche,
aus der zerbrechliche Inseln
aus Gras und zartgliedrigem Schilf sich strecken.
Aus diesem atmenden Wasser
Ragen schwarze Weidenpfähle starr und fest hinaus.
Nicht mehr wild tobend, sondern spielerisch tänzelnd,
anmutig wellengekräuselt, in silbrigem Anthrazit

*leuchtet nun die See, auf deren Spiegel Sonnenstrahlen –
wenn die dunklen, goldgefransten Wolkenballen
sie freigeben – funkelnde Straßen aus Licht
und am fernen Horizont glitzernde Eilande
zeichnen.
Sinfonie in Silber und Grau*

Wolken

*Wolken – Flüchtige Gebilde, keiner Form und Gestalt zugehörig
und doch alle annehmend, das Licht verbergend und filternd,
von unerschöpflicher Vielfalt der Farben und Schattierungen....
In blendendem Weiß, reiner als
frisch gefallener Schnee, bauen sie sich auf
zu ragenden Gebirgen, türmen sich aufeinander
zu Märchenschlössern, deren Fenster ins unsagbare geöffnet
sind.
Als fantastische Fabeltiere, schwarze, wild gezackte Gesellen
mit sonnenvergoldeten Umrissen, sich vereinend
und wieder lösend, immer sich wandelnd,
segeln sie im Grenzenlosen dahin.
Als dunkle Wand Stehen sie riesenhaft
Am Horizont und tauchen Wasser und Land In finsteres
Licht.
Wie dicke Wattebäusche Hängen sie Rund und weich
im Himmel, gleich flauschigen Bällen, mit denen der Wind
sein Spiel treibt.
Sie lassen die Dimensionen Von Land und Meer*

ins Zwergenhafte Schrumpfen und offenbaren ein wenig Von der Tiefe des Universums.

Bild 35: Wolken

Grauer Regen

*Ein verhangener Regentag –
Die Insel hüllt sich In zarte Schleier....
Erloschen Die Kraft des Lichtes, in sanftem Grau versunken....
Strand und Meer Ruhen aus
Vom Aufruhr der Farben und lassen auch meine Augen
und Empfindungen Entspannen
Nach rauschhafter Freude
An ihrer herben Schönheit.
Heute Peitscht der Regen nicht,
dämpft der Wind seine Stimme.
In flacher Dünung wiegt sich die See.
Einöde ummantelt von weich gedämpftem Licht
Erstreckt sich um mich herum.
Friede breitet sich aus und drängt bis in mein Innerstes.
Glück und Trauer Kommen zum Schweigen.
Wenn ich je wieder Friedlos oder verzweifelt bin,
werde ich heimkehren in dieses Bild, um Ruhe und Kraft zu finden.*

Salzwiesen

Salzwiesen – In leuchtendem Gelb,
von Septembersonne durchglüht – breiten sie sich
in meergleicher Einsamkeit aus bis an den Saum des Him-
mels....
Im Norden geschützt vor dem Angriff wütender Seen
Durch die schon Herbstlich getönten Dünen.
Nach Süden Wachsen die Wiesen geduldig
Mit sich ausbreitenden Inselchen
Ins Wattenmeer hinein, immer wieder überflutet bei Sturm
und doch beständig Raum gewinnend.
Dunkle Wassergräben durchziehen schnurgrade
die ockerstrahlende Weite.
Im Schilf verborgene, kleine Teiche
verhindern menschliches Vordringen.
Der Fuß sinkt ein Im Schlick.
Kolonien wilder Seevögel Sind hier beheimatet.
Ihre krächzenden Stimmen Erfüllen beim Näherkommen
die Luft.
In Scharen stehen sie – Weiß-schwarz gefiedert –
Enggedrängt beieinander; Schießen pfeilschnell
Auf die blau-grüne Wasserfläche herab;
Gleiten und schweben auf dem Wind
Mit langgestreckten Schwingen.
Letzte Sonnenglut, die sich in die Warme Tiefe
der Farben verschwendet – Genuss von Schönheit
Mit dem bitteren Geschmack der Trauer um kommenden
Verlust.

Kapitel 6
Schwarzer Montag
(Aus meiner Biographie)

Der 10. März 2008 war ein stürmischer Tag. Jutta war zu einer Beratung nach Aachen gefahren. Sie wollte um zwölf Uhr wieder zurück sein, weil sie zu diesem Termin eine Klientin bestellt hatte. Für den Fall, dass diese früher kam, sollte sie in ihrem Arbeitszimmer warten. Die Klientin erschien pünktlich. Die Zeit verging, aber Jutta kam nicht.

Um dreizehn Uhr – Jutta war noch immer nicht da – bat ich die Dame, nach Hause zu fahren. Ich wurde immer nervöser und unruhiger. Ich wusste nicht, was ich tun sollte.

Dann kam ich auf die Idee, die Leitstelle in Simmerath anzurufen und dort nachzufragen, ob ein Unfall gemeldet sei. Der Beamte in der Leitstelle erklärte sich bereit, Erkundigungen einzuholen. Nach etwa 45 Minuten ergebnislosen Wartens rief ich erneut an.

Man verband mich telefonisch mit dem leitenden Notarzt. Er teilte mir mit, dass meine Frau einen sehr schweren Verkehrsunfall erlitten hatte und mit dem ADAC-Luftrettungs-Euro-Hubschrauber nach Köln-Merheim ins Krankenhaus verlegt worden war. Der Unfall ereignete sich auf dem belgischen Teilstück der B 258, zwischen Konzen und Fringshaus.

Der Unfallverursacher war mit einem zweiten Hubschrauber nach Bonn gebracht worden. Er starb dort etwa zwei Stunden später.

Der leitende Notarzt, der mich am Telefon weinen hörte, fragte, ob ich allein zuhause sei. Er versprach, sofort zu kommen. Wenige Minuten später stand er vor der Tür.

Inzwischen waren auch Nachbarn bei uns eingetroffen.

Ich bat sie, unseren Schwiegersohn zu informieren und unsere Tochter abzuholen und nach Hause zu bringen.

Bild 36: Das Auto nach dem Unfall

Eine halbe Stunde später traf eine Notfallseelsorgerin ein, um mir Trost und Mut zuzusprechen. Sie blieb fast eine Stunde. Nach zwei Stunden bat ich den Notarzt, in Köln-Merheim anzurufen, um Informationen über den Zustand meiner Frau einzuholen. Ich betete, dass sie kein Schädel-Hirn-Trauma erlitten hatte. Ein Stein fiel mir vom Herzen, als ich erfuhr, dass es tatsächlich nicht so war. Allerdings lagen schwerste, lebensbedrohliche Verletzungen vor. Die ganze linke Seite, von Kopf bis Fuß, war stark betroffen. Viele Operationen, Narkosen und Bluttransfusionen waren notwendig.

Mehrere Stunden hindurch wusste ich nicht, wie es ihr ging. Tausende Gedanken gingen mir durch den Kopf. Ich war nervös und unruhig, konnte mich nicht konzentrieren. Um 22.00 Uhr versuchte ich, im Fernsehen die Nachrichten zu gucken, war aber unfähig, etwas aufzunehmen. Der Vorstellung, dass meine Frau sterben könnte, folgten schreckliche Bilder unseres großen Hauses, das voll war von Büchern, Bildern, Kleidern und Möbeln. Ich wusste nicht, was ich im schlimmsten Fall mit ihnen machen sollte.

In der Nacht läutete das Telefon. Ich sprang aus dem Bett und griff nach dem Hörer. Der Oberarzt der Anästhesie-Abteilung Merheim war am anderen Ende und berichtete, meine Frau sei gerade aus dem Operationsraum auf die Intensivstation verlegt worden. Die Operationen seien so weit gut verlaufen. Sie habe aber sehr viel Blut verloren. Ich könne sofort, aber auch morgen früh kommen.

Da ich keine Ruhe fand und sie mit eigenen Augen sehen wollte, entschied ich mich, sofort hinzufahren. Sunita und Michael begleiteten mich. Es war 1.30 Uhr nachts. Es regnete in Strömen. Außerdem war es sehr windig. Als wir die Intensivstation betraten, war Jutta an den Monitor angeschlossen – mit einem Blutdruck von 75/50 und einem Puls von 40 Schlägen pro Minute. Gerade lief die 21. Blutkonserve. Beunruhigt beobachtete ich eine Viertelstunde lang die Kreislaufparameter. Dann sagte ich der Intensivschwester, diese Werte seien für mich nicht mehr tolerierbar. Da ich Intensivmediziner bin, machte ich einen Behandlungsvorschlag, den sie mit dem diensttuenden Arzt abklären musste. Wenige Minuten später kam sie und spritzte – entsprechend meinem Vorschlag – Atropin intravenös. Kurz darauf stiegen Blutdruck und Puls meiner Frau wieder an. Der Kreislauf stabilisierte sich in den nächsten Stunden. Trotzdem war ihr Aussehen beängstigend. Ihr Gesicht war bis zur Unkenntlichkeit angeschwollen.

Kurz vor 6.30 Uhr fiel dann plötzlich der Blutdruck ab. Die Ärzte vermuteten, dass sie wegen der Milzentfernung nachblutete. Inzwischen lief die 24. Konserve. Sofort wurde eine Ultraschalluntersuchung des Bauches angeordnet. Eine Nachblutung wurde festgestellt. Sie musste unverzüglich neu operiert werden. Inzwischen waren vier Stunden vergangen. Wir mussten zurück nach Hause. Sie bekam weiterhin Bluttransfusionen. Am Nachmittag rief mich der diensttuende Arzt an. Er teilte mir mit, dass die Operation gut verlaufen war. Sie war jetzt stabil, wurde in künstlichem Koma gehalten und beatmet. Wir fuhren täglich nach Köln.

Jeden Tag riefen Freunde, Verwandte und Bekannte an, die uns Trost, Kraft und Mut spendeten. Es folgten Briefe, Blumen und Karten von Freunden, Bekannten, Kollegen und Klienten meiner Frau.

Pfarrer Toni van Straeten aus Düren sandte mir ein Holzkreuz aus Bethlehem, das Jutta Kraft spenden sollte. Immer wenn ich bei ihr war, legte ich ihr das Kreuz auf Stirn und Herz – und schließlich unter ihr Kopfkissen. Ich glaube, es hat ihr geholfen.

Bild 37: Kreuz aus Bethlehem

Die Anfangstage waren kritisch. Es bestand Lebensgefahr. Die Ärzte konnten mir keine Sicherheit geben. Meine Frau lag 19 Tage auf der Intensivstation im künstlichen Koma und wurde 15 Tage maschinell beatmet. Insgesamt erhielt sie 44 Blutkonserven und wurde in dieser Zeit zwölf Mal operiert. Auf der Normalstation besserte sich ihr Gesundheitszustand allmählich. Sie lag allein in einem Zimmer, benötigte aber bei jedem Handgriff Hilfe. Aus diesem Grunde erlaubte der Stationsarzt, dass ich für zehn Tage bei ihr im Zimmer schlief. Ich konnte viel für sie tun. Meine Gegenwart gab ihr psychische Stabilität.

Es war ein Wunder, dass sie diese Katastrophe überlebte. Aber das Ende der Fahnenstange war noch nicht erreicht. Es folgten weitere Narkosen, Operationen und Massentransfusionen.

Im April 2008 – fünf Wochen später – wurde sie auf unseren Wunsch hin ins Malteserkrankenhaus nach Simmerath verlegt. Allerdings durfte sie wegen ihrer Fersenbrüche drei Monate nicht aufstehen. Infolge der langen Immobilisation bekam sie Harnleitersteine und musste – zwecks deren Entfernung – in die Urologie Eschweiler verlegt werden.

Am 8. Juli 2008 hatte sie sich endlich so weit erholt, dass sie in die Reha nach Marmagen gebracht werden konnte. Nach zweieinhalb Wochen teilte sie mir telefonisch mit, dass sie in ihrer linken Brust einen Knoten entdeckt hatte. Natürlich wussten wir, was auf uns zukam und womit wir zu rechnen hatten.

Jutta brach die Reha ab und ging zur weiteren Diagnostik ins Marienhospital nach Aachen. Die Diagnose lautete: Mammacarcinom. Es folgten die brusterhaltende Operation und der Beginn der Chemotherapie.

Im September traten zunehmende Beschwerden im Bauchraum auf. Anfang Oktober musste sie notfallmäßig operiert werden. Es stellte sich heraus, dass nach der Milzentfernung schlimme Verwachsungen entstanden waren, die zu einem Darmverschluss geführt hatten. In diesen Tagen bangte ich mit Sunita und Michael wieder um Juttas Leben. Ich fürchtete, dass sie all das nicht packen würde. Aber sie uberstand es. Sie ist eine Stehauf-Frau!

Ab November 2008 brachte sie ihre sechs Chemos relativ gut über die Bühne. Im April und Mai 2009 folgten dreißig Bestrahlungen.

Am 20. September 2009 stürzte sie – nicht zum ersten

Mal. Aber dieses Mal mit schwereren Folgen als nur Prellungen und Blutergüssen. Sie brach sich das linke Handgelenk und den Oberschenkelhals samt Implantat.

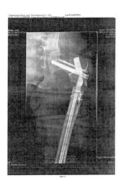

Bild 38: Röntgenbild Oberschenkelbruch

Das bedeutete eine erneute schwere Operation und eine anschließende Reha von vier Wochen.

Der schreckliche Einbruch des Unfalls in unser Leben zwang mich, mich meinen Ängsten zu stellen und all meine Kräfte zu mobilisieren. Ich musste lernen, mit meinen Befürchtungen von einer sehr ungewissen Zukunft umzugehen.

Der Unfall hatte aber nicht nur negative Auswirkungen. Ich konnte meiner Frau vermitteln, dass sie sich bedingungslos auf meine Treue verlassen konnte. Das Leid dieser Zeit hatte uns noch einmal sehr nah zueinander geführt.

Wir konnten es auch deshalb bewältigen, weil wir von Verwandten, Freunden, Bekannten, Mitarbeitern und Kollegen begleitet und ein Stück weit getragen wurden. Wir empfinden dafür tiefe Dankbarkeit.

Aus diesem Grund – und weil ich den Unfalltag als zweiten Geburtstag meiner Frau empfand – luden wir zu einer großen „Geburtstagsfeier" ein. Wir verbanden diese Feier mit einem Konzert klassisch-indischer Musik. Es spielten Stephanie Bosch, Partho Sarothy und Arup Sengupta.

Bild 39: Stephanie Bosch und Arup Sengupta

Bild 40: Partho Sarothy

Hier sind einige Auszüge der Rede meiner Frau:

Liebe Gäste, liebe Freunde,

ganz herzlich möchte ich euch heute willkommen heißen. Ich freue mich sehr, dass Ihr euch die Zeit genommen habt, und hoffe, dass ihr es nicht bereuen werdet, gekommen zu sein...
Ich will nicht zu genau auf die vergangenen 1 ½ Jahre zurückblicken, aber doch ein wenig...

Eine solche Katastrophe hat natürlich im System Familie nicht nur auf den direkt Betroffenen, sondern auch auf die nächsten Angehörigen bedeutende Auswirkungen. In unserem Fall galt das für meinen Mann, unsere Tochter und unseren Schwiegersohn.

Eine der Schwierigkeiten ist der emotionale Umgang miteinander. Gefühle, vor allem, wenn es sogenannte „negative" Gefühle sind, werden voreinander verborgen, um einander zu schonen und sich gegenseitig nicht zu entmutigen. So habe auch ich zu einem beträchtlichen Teil meine Ängste, Verzweiflung, Wut und Traurigkeit in mir versteckt, um die mir nächsten Menschen etwas weniger zu belasten. Und so hat es auch meine Familie gehalten. Es ist eine Gratwanderung, wie weit man sich in Schwierigkeiten nahestehenden Menschen zumutet und wann man sie ausschließt. Und es stellt sich die Frage: Was halten Angehörige aus? Wie gehen sie mit unerfreulichen Emotionen um? Wie reagieren sie auf unerwünscht negative Gefühle?

Mich hat es aggressiv gemacht, wenn manche begeistert über meine Fortschritte waren – zu Recht – und von mir Dankbarkeit, Freude und eine optimistische Einstellung erwarteten. Der Betroffene erlebt es als Bagatellisierung und Missachtung seines Leidens. Es ist eines der schlimmsten Dinge, die man ihm antun kann.

Ich selbst erlebte mich nämlich ganz anders: Nicht als gerettet, sondern behindert, eingeschränkt, voller Schmerzen und Probleme, konfrontiert mit Verlusten, wie ich sie mir nicht hätte träumen lassen.

Glücklicherweise zeigten aber nur Wenige solche Reaktionen.

Und damit komme ich zu den positiven Erfahrungen. Denn wie wir alle wissen, hat auch das Schlimmste erfreuliche Seiten.

Eine der guten Seiten, die ich erfahren habe, war die Resonanz der Menschen um mich herum.

Da ist zunächst mein Mann. Er hat ohne Einschränkung als Arzt und als Partner zu mir gestanden. Er hat alles ihm Mögliche für mich getan, hat sich gesorgt, vielfältige Arbeit und Mühen auf sich genommen. Ich habe gespürt, wie wichtig ich ihm bin, dass er mich lebend haben will und dass es für ihn keine Rolle spielt, dass ich jegliche Attraktivität verloren habe, 20 Jahre gealtert und zerstückelt bin. Ich weiß nicht, wie es mir ohne ihn ergangen wäre. Dann meine Tochter Sunita, die nach den schweren Abschieden von ihren Brüdern mit dem Tod ihrer Mutter rechnen und dann einen mühsamen, sogenannten Heilungsprozess mit ständigen Komplikationen und Zwischenfällen miterleben musste. Sie hat nie von ihren Ängsten gesprochen, um mich nicht zu belasten und war mir ständig liebevoll zugewandt.

Immer präsent war auch unser Schwiegersohn Michael. Wenn er gebraucht wurde, war er bereit, auf eher stille, niemals aufdringliche Art und Weise hilfsbereit und unterstützend. Es wäre verständlich gewesen, wenn ihm alles zu viel geworden wäre. Aber er hat nie ein langes Gesicht gezogen oder gemeckert.

Rührend war auch die Teilnahme des indischen Familienzweigs. Zwar sind alle weit entfernt, in England, Indien und Singapur. Aber sie haben fast täglich mit Hasmukh telefoniert und sich nach mir erkundigt. Sie haben sich gefreut, als es mir besser ging. Vor allem meine Schwiegermutter hat ganz viel für mich gebetet und Hasmukh Mut zugesprochen. Das war das Beste, was sie für uns tun konnte. Und zu unserer Freude ist unser „cousin-brother" für einige Tage aus England hergekommen.

Schließlich war ich überwältigt von all dem Erschrecken und aufrichtigen Mitgefühl, das uns entgegengebracht wurde: Von Freunden, Nachbarn, Bekannten, von Leitern, Mitarbeitern und Kollegen aus meinen Arbeitskreisen und denen meines Mannes, aus meinen Supervisionsgruppen und von den Teilnehmern meiner Trauer- und Frauengruppen.

Sie schickten immer wieder Blumen, Briefe, Karten und Geschenke. Und nicht zuletzt gute Wünsche, Gedanken und Gebete. In dem Maße, wie ich kräftemäßig zu Kontakten fähig wurde, riefen sie mich an, besuchten mich, boten mir und uns auf unterschiedliche Weise praktische Hilfe an. Sie trösteten und ermutigten mich. Ich spürte deutlich ihre Betroffenheit. Und all das nicht vier Wochen lang, sondern seit 1 ½ Jahren.

Erst mit der Wiederkehr meiner Kräfte wurde mir bewusst, wie sehr dieses enge soziale Netz mich und uns durch die schrecklichen Monate getragen und gestützt hatte. Ich kann schwer in Worten ausdrücken, was es mir bedeutet und wie tief dankbar ich dafür bin. Es ist nicht selbstverständlich, sondern ein großes Geschenk. Euer Geschenk.

Meinen Worten schließen sich natürlich mein Mann und unsere Kinder an. Sie haben gespürt, dass auch sie mit den Problemen unseres schlagartig veränderten Lebens wahrgenommen werden.
Da ich nun mal beim Danken bin, möchte ich noch die kompetente medizinische, therapeutische und pflegerische Behandlung in den Krankenhäusern von Köln-Merheim, Simmerath, Eschweiler, Aachen und Marmagen erwähnen. Wenn nicht so fähige Fachleute an mir gearbeitet hätten, stünde ich bestimmt in einem sehr viel schlechteren Zustand vor Euch.

Ich weiß, dass ich in manchen Bereichen privilegiert bin und sozusagen auf hohem Niveau leide. Mir ist bewusst, dass zahlreiche Menschen weniger oder gar keinen Beistand, Unterstützung und Förderung genießen. Deshalb wollte ich keine Geschenke, sondern einen finanziellen Beitrag zu einem Hilfsprojekt für indische Straßenkinder. Informationen darüber findet Ihr in der Zeitung neben dem schwarzen Hut. In einem, von ihnen selbst gestalteten und aufgeführten, Theaterstück rufen diese Kinder ihrem Publikum zu: „Unser Leben und unsere Probleme interessieren euch doch einen Scheißdreck." Ich glaube, das ist ehrlich und furchtbar. Und ich sage mir selbst: Viel tue ich nicht, aber wenigstens ein wenig. Und das ist jedenfalls besser als nichts. Danke also im Namen der Kinder für Euer Geschenk an sie.

Ihr erlebt heute ein Konzert klassischer indischer Musik, die vielen von euch fremd sein wird. Wir erwarten nicht von Allen hemmungslose Begeisterung. Ein Inder würde in der Regel ohne Vorkenntnisse auch nicht hin und weg sein von Beethoven, Bach oder geistlicher Musik. Trotzdem glauben wir, dass es sich lohnt, solcher Musik mit den Instrumenten Flöte, Sarod und Tabla mal zuzuhören. Vielleicht ein erstes Kennenlernen und musikalisches Schnuppern. Wer sich davon angesprochen fühlt, kann sich dann immer noch selbst weiter informieren.

Ich selbst empfinde die Musik als sehr meditativ und beruhigend und kann ihr stundenlang zuhören. Für mich spiegelt sie ein nicht-lineares Lebensgefühl und Denken, das eher die Kreis- und Spiralbewegung spürbar macht als die gerade von einem Anfangspunkt zu einem Endpunkt strebende Linie. (1)

Kapitel 7

Mein Mann ist Inder und Arzt
(Aus meiner Biografie)

Jutta

Im Jahre 1965 – nach meinem ersten Semester in Bonn – unternahm ich mit einer Gruppe eine vierwöchige Reise in den Mittleren Osten. Ich lernte Ägypten, Syrien, Jordanien, den Libanon und Israel kennen. Es war meine erste Begegnung mit dem Orient. Ich war so fasziniert und begeistert, dass ich in Erwägung zog, nach dem Studium für längere Zeit als Lehrerin an eine deutsche Schule in Jerusalem zu gehen.

Fremde Kulturen und Menschen haben mich immer angezogen. Ich war sogar bereit, mich auf Freundschaften und Liebesbeziehungen einzulassen. So kam es auch im Februar 1966 zu der Bekanntschaft mit meinem späteren Mann. Er studierte damals in Bonn Medizin.

Ich hatte zuvor einige Enttäuschungen mit Männern erlebt und verspürte keinerlei Lust, Ähnliches erneut mitzumachen. Inzwischen wusste ich, welche Enttäuschungen mit attraktiver Erscheinung, Geld und gewandtem Auftreten verbunden sein konnten, wenn sie nicht mit menschlichen Werten gekoppelt waren. Meine Großmutter pflegte zu sagen: „Von einer schönen Schüssel allein wird man nicht satt."

Hasmukh entsprach nicht meinem Schönheitsideal. Aber ich empfand ihn von Anfang an als ehrlich, offen und vertrauenswürdig. Er hatte nichts Schillerndes an sich, aber erschien mir sehr geradlinig. Wenn er etwas sagte, meinte er es auch, ohne

Wenn und Aber. Wenn er etwas versprach oder sich darauf festlegte, konnte man sich auf ihn verlassen. Meine Intuition des frühen Eindrucks hatte mich nicht getäuscht. Sie hat sich in den kommenden Jahren und während unseres langen, gemeinsamen Lebens immer wieder als richtig erwiesen. Als Hasmukhs hervorragende menschliche Eigenschaften würde ich auch heute noch Ehrlichkeit, Treue und Zuverlässigkeit nennen.

Da wir beide in Bonn studierten, sahen und trafen wir uns sehr oft. Neben dem Studium – er studierte Medizin, ich Französisch und Geschichte – verbrachten wir bald unsere gesamte Freizeit miteinander. Er führte mich in seinen großen Bekannten- und Freundeskreis ein, wo ich sofort herzlich aufgenommen wurde. Bald kam ich nur noch zum Schlafen nach Hause.

Durch ihn und seine indischen Freunde lernte ich natürlich die indische Lebensart kennen, von der ich sehr angetan war. Indisches Essen liebte ich vom ersten Bissen an. Bald begann ich, selbst zu kochen. Mein erstes, selbst hergestelltes Gericht setzte ich einer Freundin im Studentenwohnheim vor. Sie musste jeden Bissen mit Wasser nachspülen. Tränen strömten aus ihren Augen. Ihre Nase lief. Nachdem sie ihren Teller aus Höflichkeit geleert hatte, schnappte sie nur noch nach Luft. Sie verzichtete gern auf einen Nachschlag. Es war wohl offensichtlich: Ich hatte nicht an Chili gespart.

Da Hasmukh außergewöhnlich anpassungsfähig war, erlebte ich ihn zunächst nicht auffällig undeutsch. Auch als Paar empfand ich uns nicht extrem gegensätzlich. Natürlich waren wir unterschiedlich in unseren Interessen und Neigungen, aber ich interpretierte diese Unterschiede nicht als kulturell bedingt. Daher wies ich das Argument zurück, er würde in Indien ganz anders auftreten als in Deutschland. Es war unwahrscheinlich, dass er dort gewissermaßen eine Mutation zu einem mir fremden Mann durchmachen würde.

Unsere erste gemeinsame Indienreise wurde für mich aber zu einem traumatischen Erlebnis. Hasmukh wollte unbedingt den Wunsch seines Vaters erfüllen und zur Hochzeit seiner Schwester kommen. Ich war zu diesem Zeitpunkt nur widerwillig bereit zu reisen, da mein Examen bevorstand. Auch die sonstigen Umstände sprachen nicht für diesen Zeitpunkt. Es war die heißeste Zeit des Jahres in einer Großstadt mit hoher Luftfeuchtigkeit. Der Monsun stand bevor. Eine indische Hochzeit wurde mit Hunderten Gästen gefeiert, denen ich allen vorgestellt werden sollte.

Vier Wochen lang war ich keine Minute allein. Ich wurde – wie ich es trotz aller Liebenswürdigkeit empfand – auf dem Präsentierteller herumgereicht und begutachtet. Eines Morgens erwachte ich mit Kreislaufproblemen und Kopfschmerzen im Schlafzimmer meiner Schwiegereltern. Ich setzte mich mühsam im Bett auf und stellte entsetzt fest, dass auf dem Fußboden um mich herum etwa zehn fremde indische Frauen saßen, die mich lächelnd beobachteten und offensichtlich über mich sprachen. Ein großer Teil der Nachbarschaft hatte wohl nicht abwarten können, mich kennenzulernen.

Alle, mit denen ich ins Gespräch kam, fragten mich, ob mir Indien gefalle. Ich war unfähig, darauf zu antworten, denn ich fühlte mich zutiefst betroffen und geschockt von den extremen Gegensätzen jener Kultur und Gesellschaft. Elend und Reichtum, Hässlichkeit und Schönheit, Abstoßendes und Anziehendes breiteten sich vor meinen Augen aus. Indien war eine fremdartige und faszinierende Welt, mit der ich mich nun auseinandersetzen musste. Obwohl unbekannt und unvertraut, war das Land bereits ein Teil meines Lebens, da mein gewählter Partner Inder war.

Noch heute tut es mir leid, dass mein Mann mich in einem so labilen und zerrissenen Zustand aushalten musste. Er hat es klaglos getan, ohne vorwurfsvoll oder aggressiv zu reagieren.

Nach meinem ersten Indienaufenthalt 1968 habe ich mich 25 Jahre lang geweigert, wieder dorthin zu reisen. Mein Mann flog allein zu Besuchen dorthin. Meine Schwiegereltern besuchten uns hingegen häufig. Ich habe mich in all den Jahren intensiv mit indischer Lebensweise, Religion, Philosophie und Kunst auseinandergesetzt. Natürlich betraf mich auch der indische Einfluss in den alltäglichen Beziehungen der Partnerschaft sowie in Familie und Freundschaft. Mancherlei Ängste sind im Laufe der Zeit gegenstandslos geworden. Sie haben sich aufgelöst. Ich habe meine Eindrücke und Empfindungen sortiert und geordnet.

Anhand zahlreicher Gespräche mit Deutschen über Indien wurde mir zunehmend klar, wie sehr ich mir Aspekte der indischen Kultur zu eigen gemacht und verinnerlicht hatte. Indien ist zu einer Quelle seelisch-geistigen Reichtums in meinem Leben geworden. Das schließt nicht aus, dass ich viele Phänomene mit kritischem bis ablehnendem Blick betrachte.

„Indien" ist ein häufiges Diskussionsthema zwischen meinem Mann und mir. Manchmal streiten wir heftig. Er fühlt sich zur Verteidigung seiner Heimat aufgerufen, wenn ich mehr oder weniger aggressiv Kritik übe. Manchmal sind wir uns einig in der Begeisterung. Manchmal sind wir gemeinsam traurig über Armut und Missstände.

Erst spät – vor allem in den letzten zwanzig Jahren – habe ich erkannt, wie sehr mein Mann indischen Vorstellungen und Weltanschauungen verhaftet ist, dass die indische Kultur andauernd seine Reaktionen, Gefühle und Urteile prägt. Daneben beobachte ich aber auch, dass er sich inzwischen durchaus in Empfindungen, Entscheidungen und Handlungen von anderen Indern unterscheidet, die den Westen nicht kennen. Das Leben mit Deutschen und in Deutschland ist nicht spurlos an ihm vorübergegangen. Er hat vieles davon aufgenommen.

Nie hat er das klischeehafte Bild des Inders verkörpert, das früher in meinem Kopf herumspukte: große, schlanke Statur mit Adlernase, asketisch und spirituell ausgerichtet, materielle Werte verachtend. Im Gegenteil, er steht mit beiden Beinen fest auf dem Boden der Realität, hat viel Sinn für materielle und wirtschaftliche Annehmlichkeiten, genießt gutes Essen und gute Getränke. Man kann ihn als Genussmenschen bezeichnen.

Er war und ist ein – wie man sagt – treu sorgender Ehemann und Familienvater. Sein Gefühl für Verantwortung ist stark ausgeprägt. Seine ethischen Maßstäbe orientieren sich weitgehend an Traditionen – und zwar an solchen, die er in seiner Stammfamilie erlebt hat. Freiheit und ausufernden Individualismus in Beziehungen wie sozialen Strukturen lehnt er ab. Er steht für Bindungsfähigkeit und Einfügung in die Gemeinschaft.

Mit Leib und Seele und vollem Engagement war er Arzt. Der Beruf stand im Mittelpunkt seines Lebens und seiner Aufmerksamkeit. Ohne viele Worte darüber zu verlieren, verlangte er von mir und den Kindern Rücksichtnahme gegenüber seinen beruflichen Pflichten.

Es war selbstverständlich, dass wir auf Zuwendung und Zeit mit ihm bisweilen verzichten mussten, was uns sehr schwer fiel. Ich hätte mir mehr Freiraum für die Familie gewünscht. Gleichzeitig verstand ich, dass er unzufrieden und unglücklich gewesen wäre, wenn ich versucht hätte, ihn in seiner beruflichen Entfaltung zu bevormunden. Ich hätte nicht nur ihm, sondern uns allen damit geschadet. Außerdem teilte ich seine Auffassung. Was immer man tut, man sollte es nach bestem Gewissen so gut wie möglich tun. Glücklicherweise konnte ich schon immer sehr gut allein sein, ohne mich zu langweilen. Ich schätze keine symbiotischen Beziehungen, wo man jeden Schritt nur zu zweit macht. Wichtig war und ist mir, dass ich meinem Mann vertrauen kann, auch wenn wir nicht zusammen sind.

Seit Hasmukh die Chefarztstelle angenommen hatte, arbeitete ich zuhause als seine Sekretärin. Wir ergänzten uns gut. Er war für den Inhalt, ich für Sprache und Form verantwortlich. Dass ich in meinem Studium gelernt hatte, wissenschaftlich zu arbeiten, erwies sich für seine zahlreichen Veröffentlichungen als hilfreich. Ich bekam einen intensiven Einblick in seine beruflichen Fragestellungen und Verständnis für berufsbezogene Probleme. Unzählige Stunden hindurch haben wir zusammengearbeitet. Es entstand eine weitere Ebene der Gemeinsamkeit.

Da Hasmukh wusste, dass ich in unserer Ehe oft meine Interessen zugunsten seines Berufs zurückgestellt hatte, zeigte er nach Anils Tod Verständnis dafür, dass ich mich aus den familiären Pflichten löste und allmählich einen eigenen Arbeitsbereich aufbaute. Für einen traditionsbewussten Inder war das nicht selbstverständlich. Er kannte es so, dass eine Ehefrau und Mutter sich bedingungs- und klaglos den Wünschen der Familie anpasste.

Ich habe einen Inder geheiratet. Wie sehr damit auch seine Kultur in meinem Leben Raum gewann, wurde mir erst allmählich bewusst. Hasmukh hat eine Deutsche geheiratet. Er lebt mit ihr in Deutschland. Auch sein Leben und seine Identität sind dadurch tief gehend beeinflusst worden.

Heute wird sehr viel von Integration gesprochen. Aber nur in der persönlichen Begegnung, wo man sich für die fremde Welt eines anderen Menschen öffnet, findet eine Annäherung statt.

Wenn man fremde Anteile sinnvoll in die eigene Welt eingliedert, vollzieht sich eine Erweiterung und Bereicherung der eigenen Identität. So funktioniert Integration. (1)

Kapitel 8
Juttas Tod

Nach dem schweren Verkehrsunfall im Jahre 2008 und später nach der niederdrückenden Diagnose Brustkrebs im Juli gleichen Jahres veränderte sich Juttas Leben noch einmal. Trotz Operation, sechsmaliger Chemotherapie und dreißig Bestrahlungen wurden bei ihr im Rahmen einer Routineuntersuchung im Juli 2010 Lebermetastasen in Folge der Mamma-Ca festgestellt. Da die Krankheit weit fortgeschritten war, bestanden keine Heilungschancen. In medizinischer Hinsicht gab es nichts mehr zu tun, außer kurz vor Juttas Tod die palliative Versorgung einzuleiten.

Jutta hat dieses „Todesurteil" von Anfang an akzeptiert. Sie hatte keine Angst vor dem Tod. Sie war sogar neugierig und ist mit der ihr eigenen Zielstrebigkeit auf ihn zugegangen. In aller Ruhe hat sie ihre Lebensbilanz gezogen, sich von uns und ihren Freunden und Bekannten verabschiedet und ihre Trauerfeier und Beisetzung vorbereitet.

Wir haben sie dabei begleitet, ihr Sterben angenommen und offen und aufrichtig mit ihr gesprochen. Doch wir haben in Juttas letzten Wochen nicht nur übers Sterben geredet. Wir haben uns gemeinsam erinnert, geweint, gelacht und gelebt.

Jutta war froh, dass sie relativ schmerzfrei zu Hause sterben durfte. Sie war dankbar für unsere Nähe, Verbindlichkeit, Fürsorge, aber sie war auch dankbar, dass wir sie loslassen konnten.

Jutta schrieb mir am 11.09.2010 einen Abschiedsbrief und teilte mir mit, dass ich ihn erst nach ihrem Tod öffnen sollte:

Liebster Hasmukh,

wir haben gute und schwere Zeiten erlebt. Wir haben uns verletzt.
Ich glaube, meist ohne es wirklich zu wollen, sondern aus Missverständnissen, die unserem unterschiedlichen kulturellen und erzieherischen Hintergrund entsprangen.
Ich verzeihe Dir alles und hoffe und weiß, dass auch Du mir verzeihst. Dabei haben wir auch viel Glück und Freude miteinander gelebt und unser Leben gegenseitig bereichert. Wir haben – mit unterschiedlichen Fähigkeiten – uns gut ergänzt und gut zusammengearbeitet, allein auf uns gestellt, hätten wir dieses Leben so nicht zustande gebracht.
Du hast mir immer das gegeben, was total wichtig war: Sicherheit,
Zuverlässigkeit, Treue, Ehrlichkeit, Beständigkeit, zeitweise konnte ich fortgehen, weil ich wusste, dass ich zu einer sicheren Basis zurückkehren kann.
Danke für das nicht Selbstverständliche.
Ich umarme Dich in herzlicher Liebe.

Jutta

Auch die spirituelle Begleitung durch befreundete Geistliche hat Jutta Kraft und Zuversicht gegeben.

„Ich will nicht sterben. Ich will *mehr* leben", sagte sie und sah ihrem Tod voller Hoffnung entgegen.

Sie hatte sich gewünscht an Ajays Todestag, dem 2. November, zu sterben. Das hat sie nicht geschafft.
Stattdessen starb Jutta am 14.10.2010, am Geburtstag

bzw. in der Geburtsstunde unseres Sohnes Anil, in unserem Beisein zu Hause.

Fünf Tage vor ihrem Tod konnte sie noch meine frisch gedruckte Autobiografie, die auch für Jutta eine Herzensangelegenheit geworden war, in ihren Händen halten und sich daran erfreuen.

Am 22.10.2010 fand nach ihrem Tod die Trauermesse in der St. Johann Baptist Kirche in Simmerath statt. Die Kirche war brechend voll infolge der großen Anteilnahme vieler Mittrauernder.

Der Sarg mit Juttas Leichnam wurde – auf ihren Wunsch und nach ihrer Absprache mit dem Pastor Stoffels – entgegen den sonstigen Gepflogenheiten in der Pfarrgemeinde in der Kirche aufgebahrt. Die Kirche war mit den Lieblingsblumen von Jutta sehr schön von Sunita geschmückt worden.

Bild 41: Sarg in der Kirche aufgebahrt

Nach einer bewegenden Trauerfeier konnten die Trauergäste am Sarg von ihr Abschied nehmen. Die Messe wurde von Pfarrer Toni Jansen (Katholisch), Frank Ertel (Evangelisch) gehalten. Es spielte an der Orgel Friedhelm Schütz, der Kirchenmusiker. Den Sologesang übernahm auf Juttas Wunsch Christine Albert, die Tochter unseres Hausarztes Dr. Albert. Die Lektorin war Barbara Tröndle, eine enge Freundin von Jutta.

Nach Familienberatung mit Sunita und mir hatte sich Jutta bereit erklärt, ihren Körper einäschern zu lassen und wir entschieden uns für ein gemeinsames Urnendoppelgrab in Simmerath.

Am 10.11.2010 fand dann die Urnenbeisetzung mit Angehörigen und engen Freunden statt. Alle Trauergäste trugen sich anschließend in ein Kondolenzbuch zum Abschied ein.

Zum Abschied von Jutta schrieb ein Trauergast folgenden Text:

Es ist kalt
Der Himmel weint
Dann warmes Essen
Strahlendes Lächeln von Jutta
So gehe ich mal wieder getröstet und gewärmt
G.H.

Bild 42: Grabstein von Jutta Mai 2011

Ein paar Wochen vorher, bevor sie starb, gab sie mir das Tagebuch ihrer Mutter und sagte, sie sei einverstanden mit der Veröffentlichung des Textes.

Nun sind inzwischen zwei Kinder und meine Frau verstorben.

Hätte man mich früher gefragt, wie ich mich verhalten würde, bei Todesfällen mehrerer Mitglieder der Familie, so hätte ich geantwortet: Ich würde mich total zurückziehen, vollkommen resignieren und eventuell für immer nach Indien fliegen. Tatsächlich wurde ich nicht groß gefragt, weil nach kurzer Zeit, bereits am Todestag meiner Frau ein dauernder Strom von Besuchern einsetzte: Freunde, Nachbarn, Bekannte, Familien aus der Nähe. Es kamen Blumen, Anrufe, E-Mails und Briefe als tröstende Ablenkung. Wir wurden fast rund um die Uhr mit Essen versorgt. Freunde kümmerten sich rührend um uns. Nachbarn saßen abends mit uns zusammen, halfen beim Falten der Traueranzeigen, schrieben Adressen und klebten Briefmarken.

Jutta wollte auf ihrem Grab weder Kränze noch Blumen. Sie wünschte sich von den Trauergästen Spenden für die Straßenkinder in Chenai / Indien (Andheri-Hilfe in Bonn).

Es kamen mehr als 10.000,00 € nach ihrem Tod zusammen.

Die 1. Vorsitzende der Andheri-Hilfe Elvira Greiner schrieb einen Dankesbrief an alle Spender mit dem folgenden Text:

Herzlichen Dank für die Spende, die Sie uns anlässlich des Heimganges von Frau Jutta Bhate haben zukommen lassen.

Wie sinnvoll ist der Gedanke, dass aus dem Tod eines Menschen nun Hoffnung und Zukunft werden soll für Kinder, die auf der Schattenseite des Lebens stehen. Frau Bhate war uns – und insbesondere den Straßenkindern in Chennai/Südindien seit Jahren eng verbunden. Es hat sie immer tief berührt zu wissen, dass unzählige Kinder unter menschenunwürdigen Bedingungen und völlig schutzlos auf den Straßen dieser Millionenstadt leben müssen. Durch Müll und Lumpensammeln versuchen sie, etwas Geld zu verdienen. Unter katastrophalen hygienischen Bedingungen schlafen sie in Bahnhofshallen oder anderen Schlupfwinkeln, wo sie vielerlei Gefahren ausgesetzt sind. Oft werden sie von Kriminellen zu Straftaten genötigt. Sexuellen Missbrauch haben die meisten von ihnen bereits im Alter von sechs oder sieben Jahren erfahren. An einem Schulbesuch oder einer Ausbildung ist gar nicht zu denken. Welche Perspektive haben diese Kinder?

Dies war die Frage, die Frau Jutta Bhate immer wieder im Herzen bewegt hat. Und so hat sie im Angesicht ihres nahen Todes mit ihrem Mann geplant, dass sie sich anstelle von Kränzen oder Blumen über eine Spende für eben diese Straßenkinder in Chennai freut.

Wir sind ihr so dankbar für diesen Einsatz für Kinder in Not, sogar über ihren Tod hinaus. Und so bringen die eingegangenen Spenden tatsächlich neue Lebenschancen für viele Straßenkinder in Chennai.

Mit den besten Wünschen

Elvira Greiner – 1. Vorsitzende

Andheri-Hilfe Bonn

Am 21 Januar 2011 wurde eine Überraschungsfeier/Gedenkfeier im Straßenkinderzentrum/Karunalaya in Chennai/Indien anlässlich Juttas Tod durchgeführt.

Grateful Homage to Ms. Jutta Bhate

Dear Madam Elvira   *08.04.2011*

please go to the link given below to view the report about the event of **unveiling the Portrait of Ms. Jutta Bhate.**

Kindly forward the same to Dr. Bhate, our letter will follow to him, thanking their support for our project.

http://karunalaya-india.blogspot.com/2011/03/portrait-of-ms-jutta-bhate.html

Bild 43: Gedenkfeier für Jutta in Chenani mit Frau E. Greiner

For many years, Dr. Hasmukh Bhate (he is Indian, native from Mumbai) and his wife Ms. Jutta Bhate (a German) have been supporting our work through Andheri Hilfe Bonn with considerable donations. Dr. Hasmukh Bhate was a doctor in Germany now retired. They had three children and two of them died in a very tragic way (one aged 26, the other only 15 years old). Then Ms. Jutta Bhate met with a very severe accident and since then (last few years) she always suffered from great pain. Added to that she was hit by cancer. But still they never lost hope and trust in life. And still they thought of those people, who are worse off. For the last few years they were especially supporting the boys in Karunalaya (first time with a charity concert of Indian music, they arranged in 2009). Ms. Elvira Greiner, President of Andheri Hilfe kept them informed about our good work and usually after a visit to Karunalaya she talked to them.

Dr. Bhate gave a call to Ms. Elvira on 14.10.2010 and told her that his wife passed away 2 hours before. She was so much attached to us and the boys in Karunalaya, that short before her death Ms. Bhate decided that she does not want to have flowers on her grave, but instead donations for the street children in Chennai. Dr. Bhate too felt consoled that they can help the boys even beyond his wife's death, that he gave a call so soon after her demise. We were really deeply touched. Many friends, relatives, neighbours etc. gave a donation for the street boys. More than 6.300 Euros was collected, which was earmarked for the Karunalaya street children project supported by Andheri Hilfe Bonn.

As a mark of respect for the philanthropist Ms. Jutta Bhate, Karunalaya arranged for the unveiling of the portrait of Ms. Jutta Bhate in the Shelter home for street children at Karunalaya on 21st January 2011 at 6.30pm, during the visit of Ms. Elvira Greiner, President, Andheri Hilfe Bonn- Ger-

many to Karunalaya, India. The Director of Karunalaya was away for training during the visit of Ms. Elvira. However the programme was efficiently organized by the staff team of Karunalaya. Ms. Elvira Greiner unveiled the Portrait of Ms. Jutta Bhate, and expressed that Ms. Jutta Bhate was a great philanthropist who was more concerned about the street children. A minute of silence was observed and prayed for the repose of her soul. The programme was attended by Mr. Santiago, Regional Officer, AHB, Children, Coordinators and Staff members of Karunalaya.

Alle, die zu uns nach Hause kamen, zeigten offen ihre Betroffenheit und Bereitschaft, für uns nach ihrer jeweiligen Möglichkeit da zu sein. Sie weinten oder schwiegen auch, und vor allem gaben sie uns die Chance, endlos, in allen Variationen und immer wieder neu über Jutta zu sprechen. Damit war sie quasi mitten unter uns gegenwärtig.

Ich habe inzwischen eine DVD über Jutta angefertigt. Von Geburt bis zum Tod habe ich die Bilder in einer Fotoshow bearbeitet und schaue häufiger mal alleine herein. Sie ist ständig in mir gegenwärtig.

Ich weiß, nach einigen Monaten später spricht man selten über den Verstorbenen. Die normalen Alltagsthemen rücken mehr und mehr in den Vordergrund. Obwohl ich dafür Verständnis habe, schmerzt es mich sehr. Es ist, als ob sie in Vergessenheit geraten und noch einmal sterben würde.
    Ich verstehe den Spruch mancher Todesanzeigen, dass jemand nicht sterbe, solange er oder sie nicht vergessen werde.

Ich bin meinen inneren Bedürfnissen gefolgt. So habe ich ständig eine brennende Kerze und Blumen in der Essecke in unserem Haus aufgestellt. Dort hängen jetzt drei Bilder: Anil, Ajay und Jutta. Es brennt Tag und Nacht eine Kerze.

Bild 44: Ajay, Jutta, Anil

Eine wesentliche Rolle im Trauerprozess spielt es, in welchem Verhältnis man zu dem Verstorbenen steht.

Wenn ein Kind stirbt, stirbt ein wesentlicher Teil der Zukunft der Eltern. Kinder garantieren das Fortleben. Sie machen die sterblichen Eltern unsterblich, in dem sie das Blut, die Anlagen und Fähigkeiten, den Familiennamen, den Familienbesitz oder die Firma, die Familienehre weiter tragen, wenn die Eltern es nicht mehr können.

Kinder sind die Hoffnung ihrer Eltern. Sie sind die Stütze im Alter, wenn Schwäche, Krankheit, Einsamkeit und Hilflosigkeit zunehmen.

Anders, wenn ein Partner stirbt. Betroffene äußern dann oft, dass sie sich amputiert und wie halbe Menschen fühlen.

Das hängt damit zusammen, dass sie in vielen Jahren eine

gemeinsame Welt aufgebaut haben. Psychologen sagen: Sie haben ein Beziehungsselbst gebildet. Es setzt sich zusammen aus langer gemeinsam verbrachter Zeit, Arbeitszeit, Urlaubszeit, Feierzeit und Freizeit. Es beinhaltet den Aufbau einer wirtschaftlichen und sozialen Existenz, einer Familie mit oder ohne Kinder, geteilten Aufgaben, Krisen, Herausforderungen, Zielen und Träumen. Es beinhaltet geteilte Arbeit, manchmal geteilte Berufswelt, geteilte Freizeitgestaltung.

Jede Familie hat ihren eigenen individuellen Lebensraum und lebt in einer eigenen Welt, die nur ihr gehört, auch wenn andere daran teilhaben.

Durch den Tod des Einen wird diese Welt zerstört und eine Hälfte des Beziehungsselbst weggerissen. Es kann Vernichtung und Amputation bedeuten. Der Zurückgebliebene muss lernen, sich als Einzelperson und Individuum neu zu organisieren und aufzubauen.

Wenn mein Partner stirbt, sterbe ich auch ein Stück mit, da mein soziales und geistiges Leben in enger Verbindung mit diesem Menschen stand. Ich spüre schon, dass mir der Raum enger wird, die Zeit kürzer und die Sprache kahler, durch das Fehlen eines Kommunikationspartners.

Da meine Frau nicht mehr da ist, hat mein Leben sich verändert, aber auch bereichert: Dafür bin ich ihr sehr dankbar.

Durch Juttas Tod hat sich mein Selbstbewusstsein positiv verändert, mit der Erfahrung, neue Rollen und Aufgaben übernehmen zu können und stärker und lebensfähiger zu sein, als ich bisher glaubte.

Der häufige Besuch und das Anzünden der Grablampen am Friedhof sind für mich eine Kontakt- und gleichzeitig Abschiedsmöglichkeit. Den Grabstein haben wir mit Sunita und

Michael ausgesucht. Als Juttas Holzkreuz durch den Grabstein ersetzt wurde, wollte ich es weder wegwerfen, noch verbrennen. Es steht jetzt in einem Blumenbeet unseres Gartens, bis es allmählich verrottet. Anils Holzkreuz ist vor einigen Jahren verrottet. Jetzt stehen im Garten Ajays und Juttas Kreuz.

Nun, Hindus glauben an Wiedergeburten. Die Lehre von der Reinkarnation ist so alt wie die Menschheit selbst. Sie findet sich nicht nur in den fernöstlichen Religionen des Buddhismus und des Hinduismus, sondern auch in anderen Weltanschauungen. Sie ist eng verknüpft mit dem Begriff „Karma".

Karma ist die Ursache des Kreislaufs von Geburt und Tod, das kausale Gesetz von Ursache und Wirkung, von Aktion und Reaktion.

Was der Mensch jetzt sät, das wird er früher oder später ernten, und was er in diesem Augenblick erntet, das hat er einstmals selbst gesät. So schmiedet sich jeder Mensch sein eigenes Schicksal. Kein Gedanke, kein Wort, keine Handlung verschwinden ohne Konsequenz aus dem Dasein.

Nach meinem Glauben haben sich Jutta und die Kinder wieder in einem anderen Universum getroffen, und ich bin überzeugt, dass ich sie alle wieder in einer anderen Welt treffen werde.

Wiedergeburt

„Der Buddha sprach: ‚Wenn Menschen in diesem Leben ihr Bewusstsein ändern, wenn sie tiefe Zustände von Freude, Glück und Gelassenheit erfahren und diese pflegen, dann wer-

den sie nach dem Tod in himmlischen Welten unter herrlichen Göttern wiedergeboren.. Diese dauern nach der Zeitrechnung der Menschen viele tausend Jahre, manche so lange, wie die ganze Erde braucht, um zu entstehen und vergehen oder noch länger." (2)

Ich glaube, dass Jutta als Christin auch eine Wiedergeburt erfahren hat, und wünsche ihr Frieden und Erlösung von Leid und Schmerz.

Das Leiden ist jedoch die Voraussetzung dafür, dass in einem Menschen der Wunsch entsteht, sich daraus zu lösen, und dass Vertrauen entsteht, dass es einen Weg gibt, der zum Ende des Leidens führt.

Die Einsicht führte Jutta zur inneren Loslösung von allen weltlichen Genüssen, ja, sie entwickelte eine richtige Abneigung gegen sie. Dadurch schwindet das Begehren, und als Folge davon erwacht der Mensch, befreit sich und gewinnt das mit dem Erwachen verbundene wahre Wissen.

Kapitel 9
Traueransprache am 20.10.2010

Pfarrer Frank Ertel, Leiter TelefonSeelsorge Aachen-Eifel
Evangeliumslesung Lukas 22,39-46

22,39 und er ging nach seiner Gewohnheit hinaus an den Ölberg. Es folgten ihm aber auch die Jünger. 22,40 Und als er dahin kam, sprach er zu ihnen: Betet, damit ihr nicht in Anfechtung fallt!
22,41 Und er riss sich von ihnen los, etwa einen Steinwurf weit, und kniete nieder, betete 22,42 und sprach: Vater, willst du, so nimm diesen Kelch von mir; doch nicht mein, sondern dein Wille geschehe! 22,43 Es erschien ihm aber ein Engel vom Himmel und stärkte ihn. 22,44 Und er rang mit dem Tode und betete heftiger.

Und sein Schweiß wurde wie Blutstropfen, die auf die Erde fielen. 22,45 Und er stand auf von dem Gebet und kam zu seinen Jüngern und fand sie schlafend vor Traurigkeit 22,46 und sprach zu ihnen: Was schlaft ihr? Steht auf und betet, damit ihr nicht in Anfechtung fallt!

Liebe Trauergemeinde,
   Liebe Sunita, lieber Hasmukh,

wir sind zusammengekommen, um Abschied zu nehmen,
   um zu verstehen, um wertzuschätzen, wer Jutta Bhate war.
   Und wer von Ihnen geglaubt hat, dass wir dabei machen können, was wir wollen, der hat sich gehörig getäuscht. Jutta hat alle Texte, alle Lieder dieser Trauerfeier ausgesucht und

so weitestgehend diese Feier selbst gestaltet. Dankbarerweise durften Toni Jansen und ich das Ganze dann noch ein wenig sortieren.

Und ich denke, dass nicht wenige mir innerlich jetzt zustimmen und sagen:

Ja, so war sie!

Insofern bleiben meine Worte, die ich jetzt sprechen darf, das Einzige, was sie nicht bestimmt hat, auch wenn sie natürlich den Evangeliumstext selbst ausgesucht hat.

Und dieser Text ist alles andere als ein Zufall. Der Text, der Jesus in im Garten Gethsemane beschreibt, nach dem letzten Mahl, vor der Gefangennahme ist der Text, den wir gemeinsam meditiert haben, als sie im Marienhospital lag, nachdem sie von ihrer Krebserkrankung erfahren hatte.

Für sie war dieser Text aber nicht ein Text in der Katastrophe, nein, auch da oder gerade da, wo sie ahnte, dass diese Erkrankung ihr Ende bestimmen wird, hat sie sich noch einmal neu in einer versammelten Art und Weise auf den Weg gemacht.

Der Text hatte für sie genau diesen Symbolwert, dass er die Sammlung vor Gott beschrieb.

Wer Jutta kennt, weiß, dass sie immer für klare Verhältnisse gestritten hat. So musste man sich vorbereiten, wenn man zu ihr ging. Entweder war klar, dass es nur eine kurze Begegnung gab, oder es wurde auch bis zur Neige geklärt oder besprochen, was zu besprechen war. Und so endete auch dieser Abend im Krankenhaus erst tief in der Nacht.

In diesem Text, in dem Jesus sich in den Garten Gethsemane begibt, um zu beten und Zwiesprache mit Gott zu halten, gibt es viele Bilder, die uns ansprechen können, gibt es viele Bilder, die uns mit Jutta Bhate in Verbindung bringen.

Ein Bild ist:

„Jesus betet einen Steinwurf entfernt von seinen Jüngern."
Einen Steinwurf entfernt, das beschreibt, den Gegensatz zwischen in Gemeinschaft sein, aber doch auch für sich allein.
Ein Lebensgefühl, das gut zu Jutta Bhate passt. Sie war in Gemeinschaft, sie war gerne in Gemeinschaft, sie war gerne mit ihrer Familie, mit ihren Freunden, mit ihren Gruppen. Aber sie war auch gerne für sich. Sie hatte gerne „ihren eigenen Kopf", wie man so schön sagt. Bei allem Gemeinschaftlichen konnte sie es gar nicht leiden, wenn sie sich eingeengt fühlte.
Fühlte sie sich eingeengt, suchte sie den Weg in die Freiheit!
Vielleicht war sie auch ein wenig deswegen so intensiv und vielfältig engagiert. Sie machte Beratung, war bei „Frauen helfen Frauen", leitete Trauergruppen und arbeitete in der TelefonSeelsorge. Und alles nicht wenig und nicht mal eben, sondern ganz und gar und über teilweise lange Strecken.

Lukas schreibt:

„Und Jesus sprach: Vater, willst Du, so nimm diesen Kelch von mir: Doch nicht mein, sondern Dein Wille geschehe."

Dieser Satz ist für mich auch Teil von Juttas geistlichem Vermächtnis.
Jesus lehrt uns für mich hier zweierlei.
Der Versuchung, der Angst des Lebens auszuweichen, kann man nur im Gebet widerstehen.
Mit dieser Angst kann man nur umgehen, wenn man tief im Glauben vertraut.
Was ist denn diese Versuchung des Lebens?

Für Jutta waren die größten Versuchungen, die drei großen Schicksalsschläge, den Tod von Anil, den Tod von Ajay und ihren eigenen schweren Unfall, zu verarbeiten.

Die großen Versuchungen daran sind gewesen, in stumpfem Fatalismus zu enden oder zu versuchen Erklärungen und Interpretationen zu finden.

Sie hat besonders im Gebet diesen Versuchungen widerstanden.

Sie sagte sogar einmal, wie du auch in deinem Buch schreibst, Hasmukh: „Ich fühle mich von Anil in seinem Tod gesegnet."

Ein berührender Satz, der aufgreift, wie sie in Verbindung stand mit Gott und mit dem, was sie glaubte.

Gerade Anils Tod war für sie eine große Wende in ihrem Leben, die sie sehr beeinflusst hat, neue Dinge anzugehen, und auch ihren Glauben und ihre Spiritualität wieder anders, neu zu entdecken und zu erforschen. Auch wenn deren tiefste Wurzeln ihr ganzes Leben bis in ihre Kindheit zurückreichen.

Einige haben mir gegenüber ihren Tod in eine Verbindung mit diesen schrecklichen Ereignissen gebracht. Sie sagten sinngemäß, wie kann das sein, da musste sie so viel ertragen und jetzt auch noch die Krankheit.

Sie ist gestorben am Geburtstag ihres Sohnes in der Geburtsstunde ihres Sohnes.

Wäre sie hier, würde sie uns sagen, was sich da zusammengefügt hat.

Sie selbst hat bei den Ereignissen und der Krebserkrankung nicht versucht, es in die eigenen Hände zu legen, sondern sie konnte für sich durch beten, was sie in ihrem tiefsten Inneren gespürt hat:

Nur Er kann diesen Kelch nehmen und nicht mein, sondern Sein Wille geschehe.

In diesem Sinne war Juttas letzter Weg ein tiefer geistlicher Prozess.

Und sie wollte, dass alle Menschen um sie herum sie so annehmen und sie darin sehen, und ihr so ihre Wertschätzung entgegenbringen.

Je näher ihr die Menschen standen, umso wichtiger war ihr Dies.

Am allerwichtigsten war ihr dies bei dir, Sunita und bei dir, Hasmukh.

Und ich weiß, dass euch das jeweils nicht leicht gefallen ist. Aber ich weiß, dass sie euch vertraut hat und ihr Juttas Vertrauen voll bestätigt und gerechtfertigt habt.

Jutta wäre stolz und zufrieden, über das, was ihr in der letzten Zeit geleistet habt, sowohl an konkreter Hilfestellung und Begleitung, als auch an Mitgehen auf dem geistlichen Weg, an Respekt und Wertschätzung, die ihr ihrem Weg entgegengebracht habt.

Das war nicht leicht für euch, bei allem, was sie auch dirigiert und abgelehnt hat. Aber gerade und besonders zuletzt hat sie auf eure Begleitung vertraut. Mich hat dieser Weg beeindruckt.

Jutta hat aufgeräumt, bis in die letzten Winkel des Hauses ist sie gekrochen, oder hat, wo es nicht mehr ging, kriechen lassen. Und genauso ist sie in die letzten Winkel ihres Lebens und ihrer Seele gekrochen. Sie hat aufgeräumt, bewusst, klar und entschlossen.

Wie kann das sein, dass sie dies so getan hat.

Sie hat dies in tiefem Gottvertrauen getan.

So wie wir es gerade in den Worten des Predigers gehört haben:

„Ein jegliches hat seine Zeit."

Sie hat auf ihr Verständnis von Tod und Auferstehung vertraut.

Ihre große Hoffnung war, im Tod dem lebendigen Gott zu

begegnen. So wie ihre Sehnsucht war, hier auf Erden so anerkannt und gesehen zu werden, wie sie ist, so war es ihre große Sehnsucht, unverhüllt von allem irdischen Gott zu begegnen.

Jutta hatte keine Angst vor dem Tod. Sie hatte Angst vor Leid und dem irdischen Sterben.
Der eigentliche Akt des Todes aber besteht darin, dass wir unverhüllt Gott begegnen und der eigenen Wahrheit ins Auge schauen. Manche haben Angst vor dem Sterben, Jutta hatte diese Angst nicht.
Manche haben vor dieser Begegnung Angst, denn dann werden wir auch mit unserem ungeliebten Leben konfrontiert, unserem gescheiterten Leben, unseren Lebenslügen, unserem Zurückbleiben hinter den eigenen Idealen und hinter den Worten, die sie anderen gepredigt, aber selbst nicht gelebt haben.
Doch wir dürfen darauf vertrauen, dass die Liebe Gottes stärker ist, als unsere eigene Selbstverurteilung. Das hat Jutta, von ganzem Herzen und mit all der Liebe, die sie in sich gespürt hat.
Ganz gleich, wie wir uns bemüht haben. Am Ende werden wir mit leeren Händen vor Gott stehen. Wir können Gott nicht imponieren mit dem, was wir geleistet haben.
Was wir können, ist Vertrauen. Unsere leeren Hände Gott hinzustrecken und uns von Gott bedingungslos annehmen zu lassen. Dabei werden wir nicht allein gelassen:

So schreibt Lukas:

„Es erschien ihm aber ein Engel vom Himmel und stärkte ihn."
Nun geht es am Ende um uns hier.
Die Jünger sind in ihrer Traurigkeit eingeschlafen. Und ein wenig sind wir vielleicht wie diese Jünger.

In die Ruhe zu kommen heißt ja auch erst einmal, dass man vertraut und die Situation in guten Händen sieht.

Jesus fordert sie zum Schluss dann auf, aufzustehen und zu beten.

Wir sind aufgefordert (auch von Jutta), das zu tun, was wir hier gerade tun:

Beten, damit wir nicht unserer Angst hoffnungslos ausgeliefert sind.

Mit Gott zu ringen, gut Abschied zu nehmen.

Zu spüren, dass sich die Welt weiter drehen wird, wenn auch ein wenig anders für uns, ohne Jutta.

Jetzt ist vieles auch nicht gesagt. Viele Daten dieses gefüllten Lebens nicht genannt. Doch möchte ich hier enden.

Ich möchte enden, wie die Andacht endete, die Jutta und ich letzten Monat miteinander geschrieben haben:

Und ich möchte so enden, als sei es ein Appell Juttas an uns.

Er greift noch einmal das Lied auf, das wir bei Ajays Beerdigung hier gehört und bedacht haben: „Let it be" von den Beatles:

Let it Be
„Und in meiner dunklen Stunde
steht Gott genau vor mir
und spricht weise Worte: Lass es geschehen!
Flüstert weise Worte: Lass es geschehen!"
Vertrau auf diese Liebe.
Lass es geschehen.

Amen

© Pfarrer Frank Ertel, Leiter TelefonSeelsorge Aachen-Eifel

Meine letzten Wünsche für Euch aus tiefem Herzen
von Jutta nach einer Vorlage von Jörg Zink

Ich wünsche Euch nicht ein Leben ohne Entbehrung,
ein Leben ohne Schmerz, ein Leben ohne Störung.
Was solltet Ihr tun mit einem solchen Leben?
Ich wünsche Euch aber, dass Ihr bewahrt sein möget an Leib
und Seele, dass einer Euch trägt und schützt und Euch durch
alles, was geschieht, Eurem Ziel entgegen führt.

Dass Ihr unberührt bleiben mögt von Trauer,
unberührt vom Schicksal anderer Menschen,
d a s wünsche ich Euch n i c h t.
So unbedacht soll man nicht wünschen.
Ich wünsche Euch aber, dass Euch immer wieder etwas be-
rührt,
dass ich Euch nicht so recht beschreiben kann.
Es heißt „Gnade". Gnade ist ein altes Wort,
aber wer sie erfährt, für den ist sie wie Morgenlicht.

Kapitel 10
Träume von Jutta

Ich möchte am Ende einige Träume von Jutta – ohne psychologisch zu interpretieren – in diesem Werk aufführen.

Im Alter von 18 Jahren:

Ich bin in der Wohnung in Odenkirchen. Sie ist erfüllt von und alles ist eingetaucht in weißem kalkigem Licht. Unangenehm und schmerzend.
Etwas zieht mich durch den Flur durchs Wohnzimmer auf den Balkon. Ich glaube, ich höre Schreie. Unten steht ein Mann in einem langen weißen Gewand. Er schlägt auf ein Kind ein, brutal und rücksichtslos. Aber seine Augen sind auf mich gerichtet und sie verfolgen mich in die Tiefen der Wohnung, wohin ich mich entsetzt zurückziehe.
Ich schaue in diese Augen, und es ist, als sei bisher ein Schleier zwischen mir und der Welt gewesen, der jetzt für immer zerrissen ist. Ich erfahre die wahre Natur des Bösen schlechthin. Ich bin von unfassbarem Grauen erfüllt. Ich leide mit jedem Wesen, das verletzt wurde und wird. Ich kann nicht mehr verstehen, dass ich je vom Bösen fasziniert sein konnte. Ich kenne nun seine erbarmungslose schreckliche Nacktheit bar jeder Anziehung.

Ich wache auf, von einer Art metaphysischen Grauens voll. Wochenlang ist dieser Traum in meinem Bewusstsein, bis er sich allmählich abschwächt.

Im Alter von ca. 20 Jahren:

Um diese Zeit geht es mir schlecht: Ängste, Verwirrung, Konflikte. Ich empfinde mich als zerrissen und hilflos.
Ich träume:

Ich bin zusammen mit einem Jäger - im Wald? Ich finde oder bekomme rote, gelbe, grüne, blaue Eier geschenkt.
   Der genaue Traum ist nicht mehr erinnerbar. Aber ich fühle mich wieder ganz und geheilt. Dieses Gefühl bleibt auch nach dem Aufwachen und dauerhaft. Es ist, als sei ich im Traum irgendwie seelisch gesundet.

***1971**, ich bin in den ersten Wochen mit Sunita schwanger, weiß es aber nicht. Ich befinde mich in einem toten Wald. Hohe, mit grauen Flechten behangene nackte Nadelbäume stehen beieinander. Ich glaube, in dem Wald verirrt zu sein. In ihm ist nicht einmal der Hauch von etwas Lebendigem. Da entdecke ich unter einem dieser gestorbenen Bäume ein kreisförmiges Kissen/Beet blühender leuchtend gelber Schlüsselblumen. Mitten in diesem Blumenkissen sitzt ein kleines Kind und spielt. Ich hocke mich hin und greife nach seinem Händchen. Wenn, und solange ich diese Hand halte, bin ich mit dem Leben schlechthin in Verbindung. Aber ich kann ja nicht hier sitzen bleiben. Ich muss gehen, will aber die Verbindung zum Leben nicht abschneiden. Ratlos schaue ich nach oben. Da sehe ich im Baumstamm eingeritzt ein Zeichen. Eine nach oben geöffnete Schale, bzw. ein Halbkreis, in dessen Oval ein Pfeil steht, der nach oben weist. Ich weiß, dass ich – wenn ich mir innerlich die Bedeutung dieses Symbols zu eigen mache – die Hand des Kindes loslassen und gehen kann, ohne das Leben zu verlieren. Das Wissen um und die innere Aneignung dieses Symbols bedeutet Leben.*

Ich gehe in Simmerath einen Weg entlang. Da sehe ich am Wegrand Jesus sitzen. Er schaut mich voller Liebe an und sagt: „Fürchte dich nicht. Ich bin bei dir alle Tage."

Nie vorher und nachher haben mich Augen mit so tief berührender Liebe umfasst. Keine Umarmung, keine Worte, keine Gesten können ihre Intensität und ihre Akzeptanz ausdrücken.

2./3. Januar 1981

Ich bin mit jemandem unterwegs auf Wanderschaft. Da ich auf die Toilette muss, bitte ich um Einlass in einem Haus. Eine alte Frau, die mich misstrauisch einlässt, wird nachher sehr freundlich, als sie erkennt, dass ich mich anständig benehme.

Sie hat ein zauberhaftes, kleines, altes Haus: mit Fachwerk, Holztreppen mit geschnitzten Geländern, alten Bildern. Wie ein Märchen- oder Puppenhaus.

Die Treppe war in den Traum wichtig. Sie hat sich mir eingeprägt. Ich benutzte sie.

Ich bin auf Wanderschaft wie früher die Gesellen im Mittelalter. Ich wandere zusammen mit einem Mann, der mein Lehrer oder Meister ist. Während wir gehen, lehrt er mich, ein Instrument zu spielen, das mir wie eine Okarina erscheint. Lange, lose runde Rohr- oder Holzstücke sind mit Schnur nebeneinanderliegend zusammengebunden. Eigentlich panflötenartig.

Man hängt sich das Instrument um den Hals und hebt immer das Rohr, auf dem man einen Ton spielt, hoch an die Lippen. Ich probiere, und es entsteht eine eigenartig herbe, reizvolle Melodie: ein wenig wie Flöte, etwas orientalisch.

Mein Begleiter meint, für den Anfang sei das nicht schlecht. Ich wandere immer noch durch Deutschland.

Wir kommen nach Juist. Aber die herrliche Landschaft ist von Industrie- und Bauwirtschaft total verschandelt. Die Strände sind schwarz von Teer und Schmutz, die Straßen verbaut von hässlichen Häuser-Betonklötzen.

Wir suchen traurig nach etwas Schönem. Meine Begleiterin, die jetzt eine Frau oder Freundin ist, biegt in eine Straße ein, und plötzlich stehen wir in einem wunderschönen Viertel mit alten, hübschen Häusern, die mit Balkonen und Blumen geschmückt sind. Wir umarmen uns vor Freude. Es handelt sich zwar um Pensionen und Hotels, aber da wir hier bleiben wollen und uns unseren Unterhalt verdienen müssen, beschließen wir, hier als Kellnerinnen zu arbeiten.

Ich gehe im Moor (Venn) und will zu einer Hütte, in der ich eine gewisse Zeit als eine Art Probe oder Vorbereitung auf etwas verbringen soll. Auf einer Wiese weiden zwei Kühe, eine Kuh verfolgt mich beständig und weicht nicht von meinen Fersen. Zwar fürchte ich mich nicht direkt, aber geheuer ist es mir auch nicht. Da ich zu der Hütte muss und durch die Kuh daran gehindert werde, bitte ich einen Mann, sie festzuhalten.

Meine Hütte steht auf der linken Wiesenseite. Sie ist aus jungen Holzstämmen gebaut, hinten und an den Seiten geschlossen, nach vorne ganz offen mit Blick auf die Landschaft. Das ganze Holzhaus besteht eigentlich nur aus einem schmalen, harten Lager, und ich überlege, ob ich nicht frieren werde.

Von diesem Haus führt zum Weg eine breite kurze Straße, die seltsamerweise nicht begehbar, sondern reines Moor ist.

Ich stehe in der Hütte und sehe, wie ein Kind ausgezogen, aber mit Mütze auf dem Kopf vor diesen Moorflecken steht und sich darüber beugt. Es kann sein, dass das Kind die Kuh ist, oder vorher war. Das Kind fällt in das Moor. Das Moor ist plötzlich ein tiefes Wasser (2-3 m), durch das man, bis auf den Grund, den Betonboden sehen kann. Ich laufe nach vorne und meine, es herauszuziehen zu müssen. Aber irgendwie kann ich nicht und will auch nicht. Ich knie am Rand, über das Wasser gebeugt und sehe förmlich zu, wie das Kind ertrinkt: Es taucht noch ein-, zwei-, dreimal auf und sinkt dann bis auf den Boden, wo es mit dem Gesicht nach vornüber wie in der Hocke tot unten sitzt. Ich glaube, in dieser Stellung wurden in einer bestimmten Religion die Toten begraben.

Ich gehe in die Hütte zurück. Es gibt keinen Grund, die Polizei zu benachrichtigen oder mich schuldig zu fühlen.

Erst als wenig später meine frühere Lehrerin, Frau Stark, kommt, um mit mir die Tage in der Hütte zu besprechen, fällt mir der Vorfall wieder ein und ich erzähle ihn mit der Empfindung von etwas Unangenehmem.

Wir – meine alte Klasse? – jedenfalls eine Gruppe – bereiten eine Reise vor. Frau Stark bringt uns Bücher, die wir lesen sollen. Wir sollen uns mit einer alten indianischen Kultur beschäftigen.

4./5. Januar 1981

Meine Mutter ist gestorben. Ich muss aus den USA kommen, um alle Förmlichkeiten zu erfüllen und für die Beerdigung zu sorgen. Am meisten fürchte ich mich, es Tante Mia zu sagen, weil ich einen hysterischen Ausbruch vorhersehe. Als ich es ihr sage, weine ich sehr. Sie reagiert zu meinem Erstaunen sehr gefasst.

Ich erbe Diamantenschmuck und freue mich darüber. Es ist unglaublich und unwirklich, dass meine Mutter tot sein soll.

Ende Januar 1981

Ich bin in Spanien und sitze mit anderen Spaniern(?) auf dem Bürgersteig. Ein ca. dreizehnjähriger Junge ist in mich verliebt. Ich sitze auch auf dem Bordstein bei seiner Familie. Seine Mutter putzt Gemüse und er hat viele kleine Geschwister. Ich glaube, seine Mutter macht ihn darauf aufmerksam, dass er für alle die Verantwortung trägt, weil er der Älteste ist. Ein Vater scheint nicht da zu sein.

Dann mache ich mit einem kleinen Zug eine Reise auf einen Berg. Wir überfahren auch eine Art schmaler Verbindung zwischen zwei Bergen. Ich habe Angst: Tief unter uns liegt das Tal, die Erde ist braun-rot und nackt, in der Ebene liegen Dörfer. Manchmal schlagen auch grüne Zweige in das Zugabteil. Ich habe den Eindruck, wir drücken uns eng am Abgrund vorbei. Zuerst will ich gar nicht aus dem Fenster sehen. Aber dann bekomme ich irgendeine Vorstellung oder Erinnerung betreffs dieser Fahrt und dieses Zuges, die mir die Angst nimmt und mich hinunterschauen lässt. Irgendwas, an das ich mich jetzt nicht mehr erinnere, gab mir im Traum die Gewissheit, dass diese Fahrt gut gehen würde.

Februar/März 1981

(Die Bilder des folgenden Traums stehen lebhaft vor mir):
Ich bin irgendwo auf der flachen Kuppe eines Berges und suche Anil, der auf einem gefährlichen Karussell oder Spielgerät turnt. Plötzlich ist die Luft voll von Flügelrauschen: große rosa Flamingos, die ebenso groß sind wie ich oder sogar noch höher, lassen sich nieder. Alles ist voll von ihnen, sie stehen graziös auf einem Bein oder grasen. Ich glaube, dann kom-

men noch mehr große Vögel: Reiher und andere. Ich habe so etwas noch nie gesehen und bin fasziniert.

Als ich Anil suche, bewege ich mich plötzlich nur noch zwischen Tierbeinen. Es scheint ein Zirkus da zu sein: Ich gehe zwischen großen Pferden hindurch, die in langen Stallreihen stehen.

Zwischen den vielen Tieren finde ich das Karussell mit Anil nicht wieder.

April 1981

Ich besuche meine alte Schulkameradin B. Sie hat im Traum den Ruf, besonders schöne Zimmer zu haben. Wir kommen zu dem Haus, in dem sie wohnt. Es ist eigenwillig, zwei oder drei Stockwerke hoch und besteht aus zwei Teilen, die einen rechten Winkel bilden. Es hat auch keine richtige Treppe. Mir scheint, wir ziehen uns an Seilen hoch. Zwischendurch fehlen immer wieder mehrere Stufen. Als wir in B.'s Zimmer kommen, das neben anderen liegt, die an Studenten vermietet sind, stelle ich fest, dass alle Zimmer keine Türen haben. Auf meine Frage teilt B. mir mit, die Wirtin erlaube keine Türen. Ich finde das ziemlich befremdlich.

13./14. April 1981

Ich habe nach Sunita und Anil ein drittes Kind bekommen, das aber noch im Krankenhaus ist und das ich noch nicht gesehen habe. Ich komme mit einer Ordensschwester aus diesem Krankenhaus ins Gespräch, und auf meine Nachfrage antwortet sie, dass es ihm nicht gut gehe. Ganz erstaunt fragt sie, ob ich denn nicht wisse, dass es eine offene Leber habe und eine schwere Operation anstehe. An der Art, wie sie von ihm spricht, verstehe ich, dass es sich um ein körperlich und geistig behindertes Kind handelt. Sie sagt wörtlich: „Und diese widerliche Aggressivität, wenn er einen anschaut ..." Bei dem Wort „Aggressivität:" denke ich sogleich daran, wie aggressiv Hasmukh manchmal ist.

Und plötzlich sehe ich das Kind vor mir: ein unentwickelter, unterentwickelter Mann mit irgendwie grau-grünlichem Gesicht, der mit der Schaufel Gartenarbeit betreibt. Die Schwester sagt, es sei besser, wenn er sein ganzes Leben in der Klinik verbringe.

Später rede ich dann mit Hasmukh und frage ihn, warum er mich nicht informiert habe. Mein Eindruck: Er will das Ganze abstreiten und es überhaupt nicht als Realität sehen.

September 1981

Mutti hat ein Blumengeschäft in Simmerath. In der Eingangstür liegt ein großes Pferd mit Fohlen. Wir sehen das von innen und überlegen, wie wir die Tiere bewegen können, den Eingang freizumachen, da sonst Kunden nicht das Geschäft betreten können. Ich denke an einen Besen, aber natürlich hat das keinen Zweck. Sie lassen sich ja nicht wegfegen und ich will sie auch nicht aggressiv machen.

Dann bin ich auf der Straße, und da haben Nachbarn ein Vogelfutterhäuschen. Es sind sehr hübsche Vögel da: Blaumeisen, z. B., die ich so gern mag. Sie sind größer als gewöhnlich.

Ich bin mit Anil am Frankfurter Bahnhof. Mit einem roten Kinderauto fährt er umher, biegt um eine Ecke und kommt nicht mehr zurück. Ich beginne, ihn zu suchen und finde ihn nicht. Der ganze Bahnhof wird umgebaut. Treppen, die ich hochsteigen will, sind kaputt, haben auf halber Höhe keine Stufen mehr oder bröckeln ab. Ich kann Wege nicht mehr zurückgehen, weil sie nur in eine Richtung gangbar sind. Der Bahnhof ist wie ein Labyrinth und ich total darin verirrt. Ich finde Anil nicht. Denke daran, wie ich ihm immer gesagt habe, bei mir zu bleiben, damit er nicht verloren geht, wenn wir unterwegs sind. Ich schwanke zwischen Angst- und Wutgefühlen (falls ich ihn wiederfinde!).

Dann bitte ich einen Schalterbeamten, mich durch die Sperre zu lassen, um ihn auf dem Bahnsteig zu suchen. Aber obwohl ich ihm den Fall schildere, will er mich ohne Fahrkarte nicht durchlassen. Ich kann auch nur sehr schwer sprechen. Es ist, als wäre mein Mund voll Kaugummi, das ich aber nicht ausspucken kann.

Als Nächstes bin ich beim Papst. Ich habe eine Audienz beantragt. Der Papst soll sich bei dem Schalterbeamten dafür einsetzen, dass ich ohne Fahrkarte durch die Sperre komme, um Anil suchen zu können.

Der Papst lehnt das ab und ich bin empört, dass die höchste kirchliche Autorität es mir nicht möglich macht, durch die Sperre zu kommen. Wie sehr seine mangelnde Humanität seinem Amt widerspricht.

16..April 1982

Ich lebe irgendwie in einer Zeit der Christenverfolgung. In Odenkirchen scheint mir. Auch ich werde verfolgt, aber die Schikanen, die man mir antut, kommen mir geringfügig vor. Ich glaube, dass ich von mir selbst denke, ich sei viel zu schwach und armselig, um wirkliche Verfolgung aushalten zu können.

Ich sitze auch wie ein Bettler am Bürgersteig hingekauert.

Ich sehe: Zwei menschliche Gestalten, die eine schön, die andere hässlich, gehen aufeinander zu. Als sie aufeinandertreffen, sind sie verschwunden, und statt ihrer ist da ein wunderschöner, goldener, leuchtender Kreis.

In dem Kreis sind sie wohl drin, oder der Kreis ist aus ihnen entstanden und stellt sie beide dar.

Ich stehe vor Hasmukh und erkenne plötzlich klar, dass ich ihn total überfordert habe. Dann habe ich einige Rosen oder einen vollen Strauß(?) in der Hand und gebe ihm einige davon. In dem Maße, wie ich ihm Blumen schenke, wird der Strauß in meiner Hand immer schöner und voller mit herrlichen Rosen.

7. Mai 1982

Heute Morgen eine Traumserie, die mich sehr beschäftigt:
Ich bin auf einer Art Halbinsel, die in die Nordsee mündet. Auf der linken Seite ist ein Sandstrand, das Meer auf dieser Seite aber abgegrenzt durch eine Art von Wand. Nach vorne ist ein weiter Blick aufs offene Meer möglich.

Ich hocke an der „Wandseite" und zeige meiner Mutter oder Hasmukh, dass Ebbe begonnen hat, dass das Meer sich zurückzieht und dieses schöne typische Wellenmuster auf dem Sand hinterlässt. Ich erkläre, dass man am offenen Meer bei Ebbe eine weite herrliche Sandlandschaft in diesen Wellenlinien erleben kann.

In unserem Haus sind an einer Wand drei nebeneinanderliegende Kammern, die je eine Tür zum Garten und zum Wohnbereich haben. Als ich diese Türen nach längerer Zeit wieder öffnen will, wird mir von jemandem erklärt, dass in diesem Kämmerchen seit einigen Tagen je eine Leiche gelegen habe, im letzten Zimmer die meiner Mutter. Die Türen hätten zum Garten hin offen gestanden und drei Tage lang hätten Sonne und Hitze auf die Leichen eingewirkt. Da könne ich mir vorstellen, in welchem Zustand der Verwesung sie gewesen seien, als er sie weggeschafft habe.

Ich stelle mir den intensiven Geruch vor und antworte, er sehe daran, wie gut die Türen unseres Hauses isoliert seien, da von dem Geruch nichts in den Wohnbereich gedrungen sei.

Der Blick aufs Meer war vorher klar und weit. Da ist auch eine jenseitige Uferlandschaft zu erkennen mit einem Kirchturm. Wir sind wie in einer Grotte.

Es liegen Boote am Strand, und ein Aufbruch soll stattfinden. Werden Schuhe und Vorräte in die Boote gepackt? Als ich wieder aufs Meer blicke, hat sich wie in weißen Schleiern Nebel über alles gelegt. Die Sonne scheint aber noch durch.

Die Farben wirken jetzt matter und gebrochener. Es sieht sehr schön aus, ist aber auch eine Gefahr oder ein Hindernis für den Aufbruch. Ich glaube, auch vorher schon Bedenken gehabt zu haben. Weil ich mich nicht wohlfühlte und nicht stark genug?

Wir wohnen irgendwie in einer Garten- oder Waldlandschaft. Es ist furchtbar viel zu tun und aufzuräumen. Es liegt so viel herum. Mir geht es sehr schlecht: Ich habe Kopfschmerzen und fühle mich schwer und elend. Ich versuche, mich zusammenzureißen und fange an, Ordnung zu machen. Aber kaum meine ich, das Schlimmste geschafft zu haben, haben die Kin-

der wieder alles in den alten Zustand gebracht. Ich bin verzweifelt und empfinde, dass ich dauernd über Sachen stolpere. Fühle mich total überfordert und entsetzlich kraftlos.

Wir sind in eine kleine Stadt in der Schweiz gezogen. Es ist genau so, wie ich mir alles wünsche: saubere, hübsche Straßen, keine Verstädterung, hübsche Gärten und Parks, auch kleine Wasserläufe. Wir haben ein Haus in einer hübschen Straße gebaut. Ich nehme Kontakt mit den Leuten auf. Rundum gefällt mir alles gut.

Da erfahre ich, dass die Nachbarn im gegenüberliegenden Haus ein neues stabiles Klinkerhaus- sind. Sie hatten das Grundstück schon vorher gekauft und sich still und unerkannt zurückgehalten, bis wir eingezogen waren.
    Ich bin verzweifelt. Alles ist mir verdorben. Ich weiß, dass ich Sunita von dort nicht werde fernhalten können und unser ganzes zukünftiges Leben von ihnen nicht zu trennen sein wird. Da hätten wir auch in Paustenbach bleiben können, dort waren sie wenigstens einige Häuser entfernt. In aufschwellender Angst sehe ich meine eigene Angst vor mir. Da es kein Entrinnen aus dieser Situation gibt, versuche ich mich mit der Vorstellung zu trösten, dass Gott sie vielleicht zugelassen oder gewollt hat, damit daraus etwas Gutes entsteht, das ich jetzt noch nicht erkenne. Ich kämpfe mit meiner Angst.

Ich stehe in einem fahrenden Zug im Gang am Fenster. Mir geht es sehr schlecht: Ich habe Kopfschmerzen, fühle mich matt und elend. Ich lehne den Kopf an die Scheibe. Mein Äußeres ist nicht gepflegt.
    Da taucht links hinter mir einer auf, der Mann und Frau gleichzeitig ist, aber hat in dieser Eigenschaft – als einer der mit Spott und Ironie beißend quält – schon vorher in meinem

Träumen eine wichtige Rolle gespielt, aber ich weiß es nicht mehr, wie und wo.

Jetzt lehnt er lässig hinter mir an der Wand, mustert mich ironisch von oben bis unten und bemerkt spöttisch, ich sehe ja wohl nicht gerade attraktiv aus. Müde antworte ich, dass es mir nicht gut gehe. Er kommt herüber auf meine rechte Seite, schaut mich an und legt den Arm um meine Schulter. Da spüre ich, dass Güte und Verständnis von ihm ausgehen und lehne – fast weinend vor Erleichterung – den Kopf an seine Schulter. Er bestätigt mir tröstend, dass es mir tatsächlich nicht gut gehe, und will mir helfen. Empfiehlt er mir, auch auf meine äußere Erscheinung zu achten? Jedenfalls fängt er bei den Schuhen an. In seinen Änderungsvorschlägen scheint Hilfe gegen meinen miesen Zustand zu liegen.

1989

Es läutet an der Haustür. Ich öffne. Draußen stehen Zigeuner in bunten Kleidern. Einer verlangt Einlass. Ich glaube, dass ich ihn zögernd und widerwillig hereinlasse. Da drängt die gesamte Sippe hinter ihm her und nimmt das ganze Haus in Beschlag. Ich bekomme sie nicht mehr weg.

Ich sitze in einem Klassenraum und habe den besten Willen zu lernen. Vor mir liegt ein aufgeschlagenes Heft. Ich will das Vorgetragene mitschreiben, um es nicht zu vergessen, aber ich verstehe den Lehrer nicht. Ich schaue ins Heft eines Nachbarn und verliere den Anschluss. Ich glaube, es geht um das Fach Chemie. Ich bin total verzweifelt und verloren.
Als ich aufwache, denke ich mit tiefem Mitgefühl an meine Kinder, wie es ihnen in der Schule geht, wenn sie den Stoff

nicht verstehen. Ich kann ihre Gefühle von Angst und Hilflosigkeit nachvollziehen.

In den ersten 3 Monaten des Jahres 1990

1. Traum

Ich sitze mit den Kindern auf freiem abgeerntetem Feld. Plötzlich sehe ich hoch: Flügelrascheln. Tief über mir ziehen sieben schwarze Schwäne, einer von ihnen an der Spitze, die anderen hinter ihm, in der bekannten Flugformation. Sie sehen herrlich und majestätisch aus. Ich mache die Kinder darauf aufmerksam, weil man so wundervolle und seltene Vögel nicht oft sieht. Plötzlich sind aus den Schwänen schwarze Pferde geworden: herrliche, glänzende, kraftstrotzende, durch die Luft galoppierende Rappen. Ich senke den Blick zu Boden und denke: „Jetzt bist du total verrückt geworden. Du hast schon Halluzinationen. Es gibt ja keine Pferde, die durch die Luft galoppieren als sei sie feste Erde." Überzeugt, nach einer Pause wieder normal zu sein und Schwäne zu sehen, schaue ich wieder hoch. Aber immer noch sind es die schönen Rappen, glänzend schwarz, mit elegant spielenden Muskeln, langen Schweifen und wehenden Mähnen, die in der Luft über mir dahin galoppieren.

2. Traum

Ich bin in der Nähe des vorigen Feldes. Da ist ein Hügel. Auf seiner Kuppe steht ein Schloss oder eine Burg, die gleichzeitig ein Hotel ist. Der Hügel ist fast vollständig bedeckt mit herrlichen Stelzvögeln: Weiße und perlgraue Reiher, die dort landen und wie ich glaube, rasten.

Es sind aber auch viele Touristen auf dem Hügel, vor allem Kinder. Sie werfen mit Steinen auf die Reiher und scheuchen sie auf. Ich bin entsetzt und versuche, die Kinder daran zu hindern.

3. Traum

Ich stehe an der Küste eines Meeres (oder Sees?), dessen Ufer rechts und links von sanft ansteigenden Hügeln und Bergen umgeben sind. Vor mir liegt das zum Horizont offene Meer.

Meer, Land und Luft leuchten von irisierender Farbigkeit: rosa-silbern, perlmutt-zartblau. Hoch über dem Wasser, in Richtung des unendlich weiten Horizonts, fliegt eine Formation wundervoller rosafarbener Reiher (in V-Form).

Das Bild ist von so überwältigender, kostbarer Schönheit und Erlesenheit, dass ich vor Ergriffenheit zu weinen beginne. In tiefer Überzeugung denke ich: „So viel Schönheit kann nicht verloren gehen. Alles Kostbare wird bewahrt, geht nicht verloren, ist unvergänglich. Tief bewegt und immer noch weinend wache ich auf.

Oktober 1990

Ich war geschieden (getrennt? verwitwet?) und sollte nach dem Wunsch und Vorschlag meiner Mutter und ihrer Freundinnen wieder heiraten: ein blond gelocktes, pausbäckiges, blasses Mädchen, das nur langweilig und farblos erschien. Obwohl ich eine Frau war, war ich in dieser Ehe der Bräutigam bzw. der Mann.

Ich wollte nicht und dachte, dass ich aus einer Unfreiheit in die nächste gehen sollte, wo ich doch gerade jetzt die Chance der Freiheit hatte. Meine Mutter warnte mich, ich müsse nicht entscheiden. Ich ließ mich zur Hochzeit drängen.

Ich stand vor der Kirche. Darin warteten schon die Gäste, der Pfarrer und die Familie. Ich wusste: Jetzt entschied es sich. Noch könnte ich „nein" sagen. Aber wegen meines Zögerns würde der Skandal ein entsetzlicher sein. Nur meine Mutter würde ein gewisses Verständnis für mich aufbringen. Da kam mich die Braut holen. Ich solle jetzt mit zur Trauung hereinkommen.

In dieser letzten Sekunde sagte ich „nein". Ich würde nicht heiraten. Ich wusste, dass es richtig war, trotz der fürchterlichen gesellschaftlichen Folgen. Um mich davor ein wenig zu schützen, ließ ich mich in einen totalen körperlichen Zusammenbruch mit hohem Fieber fallen.

14. Oktober 1990

Ich kam nach Hause. Hasmukh hatte hinter meinem Rücken den gesamten Vorgarten vernichten lassen. Bäume und Sträucher waren abgesägt, Blumen und Pflanzen ausgejätet. Die Beete waren nackte braune Erde, säuberlich geglättet.

Der Rasen war verschwunden, stattdessen eine glatte braune Feldfläche. Ich fing vor Entsetzen und Wut an zu weinen, völlig verzweifelt, ohnmächtig und hilflos.

Ich hätte ihn umbringen können und schrie ihn an, jetzt könne er auch noch alle anderen Bäume des Gartens abhauen und das Ganze asphaltieren lassen. Dann hätte er ja seinen Willen durchgesetzt.

18. Oktober 1990

Ich bin in einem Kaufhaus und mir wird von einem weiblichen Wesen, das mich liebt, eine Art Radierung, eine feine hell-

graue Bleistiftzeichnung gezeigt. Sie stellt eine sanfte Hügellandschaft dar. Das Mädchen will mich verführen, ich bin irgendwie auch der männliche Teil. Indem sie mit dem Finger die Hügelkuppen nachzeichnet, erregt sie mich sexuell. Halb im Aufwachen wird mir körperlich und geistig bewusst, wie zart und dem bewussten Wollen entzogen sexuelle Lust ist, kaum mit dem Willen manipulierbar. Auch wundervoll, dass Lust und Rausch zum dunklen Gesicht Gottes gehören.

19. Oktober 1990

*Nach einigen Träumen eher unerfreulicher Natur lerne, erfahre, begreife ich im Traum, dass C.G. Jung in allem Recht hat und zugleich auch unrecht. Ich weiß, dass es so ist, und fühle mich noch im Erwachen körperlich und seelisch entspannt, wohl und rundherum **rund**.*

10.11.1990

Ich wollte eine Wohnung, die meiner verstorbenen Tante gehörte, – die im Traum aber lebte – neu einrichten. Die Wohnung gehörte auch mir. Die Räume gingen – durch Türen direkt miteinander verbunden – ineinander über. Vor allem erinnere ich mich, dass alle Tische voll standen, vorzüglich mit Blumenvasen, deren Inhalt teils ge-, teils vertrocknet war. Meine Mutter wehrte sich mit Händen und Füssen gegen deren Abbau und meinte, das wären doch alles so schöne Sachen. Ich aber wollte die Wohnung schlicht und schön machen, fing energisch an, alles abzuräumen und in den Mülleimer zu werfen. Mit den Tischen fing ich an. Dann stand ich im ersten Zimmer, wo auf dem Schreibtisch eine selbst gebastelte

Fackel stand. Ich knüllte sie zusammen und warf sie in den Papierkorb. Am Fenster klebte oder hing etwas, dass es wie Buntglas aussehen ließ. Das wollte ich so lassen. Plötzlich stand meine Tante hinter mir. Ihre ganze Haltung besagte, dass sie mein Tun billigte.

11.11.1990

Ich war in Monschau mit Freundinnen in einem hübschen Café zusammen. Dann standen wir auf einer Straße und sahen zu, wie eine große Schar Schneegänse (Reiher) zu Fuß auf eine Wiese hinter Kaulards Haus ging, um da zu weiden. Ich erkannte, dass es meine Schneegänse waren, deren Flug ich vor einiger Zeit über dem Venn beobachtet hatte, und freute mich sehr. Sie waren weiß und hatten hohe schlanke Beine, die weiß befiedert waren.

Wir waren dann wieder im Café und uns einig, dass wir harmonische und schöne Stunden verbracht hatten.

Sunita hielt jemanden, der tot war, für lebendig und meinte, ihm treu sein und folgen zu müssen. Deshalb zog sie von zuhause weg in ein anderes Zimmer. Ich wollte ihr helfen und behutsam klarmachen, dass das so nicht stimmte. Als ich in das Zimmer kam, lag sie im Bett. Ich fühlte ihre Stirn an. Sie war sehr heiß. Ich wusste, dass sie Fieber hatte. Ich half ihr hoch und führte sie behutsam hinaus. Ich wollte sie nach Hause bringen.

Ich mache neu das Abitur. In Französisch und Englisch habe ich 3 und 4, was früher nicht war. Es waren meine starken Fächer. Die Katastrophe aber ist Mathe. Ich verstehe nichts und es werden immer mehr und schwierigere Aufgaben. Wie ein unüberwindliches Gebirge von Schwierigkeit, das mich zur Verzweiflung treibt. Ich weine, bin überzeugt, dass ich es nie schaffen kann. Ich frage mich auch, warum ich das Abi wiederhole, wo ich es doch schon habe. Und warum es mir jetzt – im Gegensatz zu früher – so schwer fällt.

Da gibt es auch eine Lehrerin, die hart, unfreundlich und wenig kooperativ ist.

Januar 1991

Ich befinde mich – so wie ich krank war auf der Flucht, als ich 1. Jahr alt war – vollständig in einer Zigarettenschachtel, so groß wie ein Daumen. An der Stellung meiner Arme sieht man, dass ich damals krank war. Dieses kleine ehemalige Ich ist nicht tot, sondern wie mumifiziert. Ich zeige jemandem, wie ich in der Schachtel liege. Ich halte die Schachtel mit mir – so wie ich damals war – in der Hand. Auf eine bestimmte Weise ist das wichtig. Hat es etwas mit Ritualen aus alten Religionen zu tun?

Einige Träume in Reihenfolge, kurz nach Anils Tod

28.02.1991

Im Zusammenhang mit Anils Tod und seiner Beerdigung mussten Bäume gefällt werden. Ich schaue zu, wie unter die Äste von Holzfällern alte, hohe Buchenstämme fallen – silbergraue Stämme.
Durch jede/n Teilnehmer/in an seiner Beerdigung erhielt Anil ein Stück Land, bzw. Erde, auf dem Friedhof zugesprochen. Da mehrere Hundert Menschen bei seinem Begräbnis waren, war sein Grab so groß wie ein Park.

Ich war im Zimmer eines Krankenhauses – kein Krankenzimmer – und in diesem Zimmer befand sich Kiki (Anils gelber zahmer Wellensittich) in einem Käfig. Da war auch noch ein anderer oder neuer Wellensittich, der Anil oder zu Anil gehörte. Er war auch gelb, aber viel größer als Wellensittiche, mindestens so groß wie ein Nymphensittich. Er flatterte frei im Zimmer umher, sollte aber zu Kiki in den Käfig gesperrt werden. Dafür war der Käfig zu klein, außerdem würden die beiden Vögel sich angreifen. Ich war in großen Schwierigkeiten, was ich tun sollte. Eins wusste ich: Er konnte nicht in den Käfig und wollte es auch nicht.

Im Zusammenhang mit Anils Beerdigung mussten wir durch den Wald zu einem kleinen Tempel, einer Kapelle oder dem Friedhof. Der Weg war sehr schwierig, schlammig, Erdberge und Täler. Ich kannte den Weg, fuhr mit dem Auto ohne Schwierigkeiten, wusste genau, wann und wie viel Gas ich geben musste und wie ich hinauf und hinunterkam, ohne stecken zu bleiben.

Als ich angekommen war, stand ich plötzlich hoch oben auf einem Felsen oder Kletterpunkt. Ich schaute über den Weg, die Wälder – bis weit an den Horizont. Da sah ich unter, oder ziemlich am Anfang des Weges, Freunde in ihrem Auto sich durchkämpfen und stecken bleiben. Ich ging zu ihnen, setzte mich zu ihnen (ans Steuer?) und half ihnen, den Weg zu fahren.

Anil lebte, aber ich wusste, dass er herzkrank war und sterben würde. Beide gaben wir vor, ahnungslos zu sein. Dann saßen wir zusammen im Auto auf dem Beifahrersitz. Er saß irgendwie vor mir, mit dem Rücken zur Vorderscheibe. Ich sagte abrupt und offen: „Anil, weißt du, dass du herzkrank bist und sterben musst?" Er wandte den Kopf zur Seite, schaute mich nicht an, nickte bejahend und begann zu weinen. Ich fragte fassungslos: „Warum hast du mir nicht gesagt, dass es dir schlecht geht?" Ich nahm ihn in die Arme, und wir weinten zusammen.

Danach ging ich mit ihm auf der Straße. Ich hielt ihn im linken Arm und stützte ihn beim Gehen. Ich wollte seine Kräfte schonen. Er durfte sich schon nicht mehr anstrengen. Aber plötzlich riss er sich los und fing an, die Straße entlang zu rennen. Dann brach er zusammen und starb. Ich glaube, dass ich ihn sterbend in meinem Armen hielt. Ich weinte und dachte daran, dass ich geglaubt hatte, es tue weniger weh, wenn ich mich vorbereiten könnte. Aber es war genauso schmerzhaft wie bei seinem plötzlichen Tod.

Ich habe Anil verloren. Er ist von zuhause weggegangen. Ich suche ihn überall, auch in Discos. Seine Kameraden sagen mir nicht, ob sie etwas wissen. Dann erfahre ich, dass er bei Familien von Freunden untergebracht ist. Ich bin empört, dass die Eltern mich nicht benachrichtigt haben, und eifersüchtig, dass eine dieser Frauen, die nicht seine Mutter ist, ihn leben und sprechen hören kann, und ich nicht. Dann ängstigte ich mich auch um ihn wegen der Möglichkeit von Alkoholmissbrauch.

Alles was für Anil nach seinem Tod getan wurde – es war viel – war nicht so wichtig; wie eine Art von langsamem Rund- und Schreittanz. Alles, was laut und aufwendig war, war nicht so positiv.

17. Juli 1991

Ich fuhr in meinem Auto in Odenkirchen an der Niers entlang in Richtung „Alte Mühle". Ich musste über eine Art von Weg-Brücke, die schon immer schmal gewesen war. Als ich jetzt darüber fuhr, merkte ich sofort, dass die Räder keinen Halt mehr fanden. Zurück konnte ich nicht. Ich wusste, ich würde mit dem Auto ins Wasser fallen und ertrinken, weil ich festgeschnallt war, die Fenster zu waren, und ich unter Wasser die Tür nicht aufdrücken konnte. In dem Augenblick, als das Auto sank, bedauerte ich, nicht noch länger zu leben. Ich hatte doch noch manche Erfahrungen machen können, obwohl ich mich manchmal nach dem Tod gesehnt hatte. Ich dachte auch daran, dass Hasmukh gesagt hatte, der Tod des Ertrinkens dauere nicht lange.

Unter Wasser wunderte ich mich, dass ich noch immer atmen konnte. Es drang kein Wasser in die Nase, ich atmete nur etwas festere Substanz als Luft ein. Dann versuchte ich, mich zu befreien, was ohne Schwierigkeiten gelang. Ich war nicht ganz sicher, ob ich schon tot sei oder nicht, und wunderte mich sehr. Ich tauchte oben auf und wurde von Müllersleuten in Empfang genommen. Dabei sah ich, dass die Brücke so schmal geworden war, dass unmöglich ein Auto darüber konnte. Das Auto war hin. Mein größtes Problem war, diesen finanziellen Verlust Hasmukh klarzumachen. Er würde bestimmt toben.

Ich bin im Begriff, ins Kloster einzutreten. Der Orden heißt: Die Schwestern von Sacre Coeur. Ich bin mit ihnen praktisch in Berührung gekommen. Während ich die Stufen zum Eingang betrete, frage ich mich etwas bang, ob es das Richtige sein wird. Vielleicht wäre der Karmel richtiger gewesen? Gleichzeitig tröste ich mich, dass es ja das Noviziat gibt, nach dem ich austreten kann. Und überlege, dass ich beides haben werde, das mir wichtig ist: Gemeinschaft und Einsamkeit, Arbeit, Gespräch, Stille, Gebet.

Ich fahre mit dem Rad. Ich wende auf der Landstraße und will nach Overbach. Ich befürchte, fürs Rad und die lange Strecke zu dünn angezogen zu sein. Ich kenne den Weg nicht mehr, verlasse mich aber auf meine Intuition. Ich fahre auf eine Kreuzung zu, ziemlich rasant bergab, dann rechts herum und stelle fest, dass ich auf dem richtigen Weg bin.

Wir haben einen kleinen Affen als Haustier. Ich schließe die Haustür auf, die Wohnung ist ziemlich leer, und da spielt er mit den Jungen. Toll übermütig umher.
Ich stehe dann oben am flachen Dachrand und frage einen Arbeiter, was wäre, wenn er die Kabel durchbeißen würde. Dann würde es dunkel und sie müssten neu gelegt werden.
Mein Gefühl und die Atmosphäre: weder positiv noch negativ, eher erstaunt und etwas ratlos und unsicher.

Ein Elefant lebt in unserer Wohnung. Er steht zwischen 2 Betten und ich will ihn zur Seite schieben, um durchzukommen. Das gefällt ihm aber nicht und er wird ärgerlich. Ich bin erstaunt darüber, weil er vorher alles mit sich hat machen lassen. Ich gehe jetzt vorsichtiger mit ihm um.

Kapitel 11
Erinnerungen an meine gemeinsame Schulzeit mit Jutta

Gisela Breuer

(Winter 1961/62 bis Frühjahr 1965)

Jutta kam 1962 kurz vor der mittleren Reife in der Untersekunda an die bischöfliche Marienschule in Mönchengladbach. Sie war etwas älter als wir und hatte schon einige Zeit im Berufsleben gestanden. Das war in vieler Hinsicht zu spüren. In Diskussionen vertrat sie ohne Furcht und Zögern nachhaltig ihre Meinung und diskutierte sehr selbstbewusst mit den Lehrern. Wir anderen waren in dieser Hinsicht noch nicht so gefestigt und eher der Lehrermeinung ergeben.

Für uns wurde auch sehr schnell deutlich, dass „unsere Neue" sehr belesen war und über ein wesentlich größeres Wissen verfügte als alle anderen Klassenkameraden und jeden Lehrstoff aufsog wie ein Schwamm. In ihren Lieblingsfächern Geschichte, Philosophie und Sprachen konnte Jutta endlose Fachgespräche mit den jeweiligen Lehrern führen. Die Diskussionen endeten erst, wenn für sie alles geklärt und besprochen war. Obwohl diese Hartnäckigkeit manchmal grenzwertig zu ertragen war, war Jutta im Klassenverband angesehen und beliebt. Sie versuchte sich stets überzeugend in die Gemeinschaft einzubringen, war humorvoll und hilfsbereit und übernahm besonders gern und gekonnt Schreibaufgaben.

Den Höhepunkt dieser Begabung lieferte sie in der Abiturzeitung im Frühjahr 1965. Hier fertigte sie für, und über jeden Mitschüler und Lehrer ein Gedicht an. Aber keines, in dem ein einfacher Liedertext umgeschrieben wurde, sondern kleine Kunstwerke, die selbst dem kritischen Anspruch an Versmaß und Wortwahl standhielten.

Hier ein Beispiel über ihre Mitschülerin Gisela:

Der Bleistift wandert, das Gummi rollt.
Gisela ihnen jene Aufmerksamkeit zollt,
Die die Lehrer so schmerzlich vermissen
Und die Nachbarn so wenig zu schätzen wissen.
Da ständiger Tropfen höhlt den Stein,
Die nachbarlichen Nerven zerschlissen sein.
Denn: „Jutta, was heißt to shut?"
Und: „Micha, gib mir mal ein Blatt."
„Ach, ich langweil mich so gräulich!!
Diese Schule ist abscheulich!!"
Ein Knuff in die Seite: „Ich wollte nur seh'n
Wie Deine Haare vor Wut zu Berge stehen.!"

Dann wird in der Ecke stille.
Auf andres richtet sich ihr Wille.
Am Ende der Stunden des Öfteren man fand
Bleistiftgemälde von Giselas Hand,
Die freundlich nun den Schultisch zieren.
Lehrer nennen so was „Schmieren".
Und schmiert sie nicht, so döst sie matt.
Doch niemals man sicher Ruhe hat.

Beim Durchstöbern alter Unterlagen fand sich sogar ein eigenhändig geschriebenes Gedicht für unsere Klassenlehrerin. Den Namen habe ich geändert.

*An Frau S.
Klassenlehrerin
Verfasst von Jutta.*

Aus tiefer Not schrei ich zu ihr,
sie mög erhören mein Rufen.
Ihr gnädig Ohr kehr sie zu mir,
sei meiner Bitte offen.
Denn so sie das will sehen an,
was Sünd' und Unrecht ist getan,
o, wer kann vor ihr bleiben!? —
Bei ihr gilt nichts denn Gnad' und Gunst,
die Faulheit zu vergeben.
Es ist doch unser Tun umsonst
auch in dem besten Leben.
Vor ihr sich niemand rühmen kann.
Das muss sich fürchten jedermann,
von ihrer Gnaden leben. —
Darum auf sie will hoffen ich,
auf mein Verdienst nicht bauen,
auf sie mein Herz soll lassen sich
und ihrer Güte trauen.
Die mir zusagt ihr wertes Wort,

> das ist mein Trost und treuer Hort.
> Des will ich allzeit harren! —
> Und ob es währt bis in die Nacht
> und wieder an den Morgen,
> doch soll mein Herz an ihres Macht
> verzweifeln nicht, noch sorgen.
> So tu eine Schülerin rechter Art,
> die in diesem Geiste erzogen ward! —
> Und ob bei uns der Sünden viel,
> bei ihr ist viel mehr Gnaden.
> Ihr Hand zu helfen hat kein Ziel,
> wie groß auch sei der Schaden!!!
> Sie ist allein der gute Hirt,
> der armen Schülern helfen wird
> aus ihren Dummheiten allen!

Der Sportunterricht gehörte nicht zu Juttas Lieblingsfächern. Es bereitete ihr keine besondere Freude, über den Sportplatz und durch die Turnhalle zu hecheln. Daher trifft ihr Gedicht vom Turnabitur ziemlich genau ihre Gefühlslage.

Turnabitur

Schleppenden Schrittes, gebeugt wie die Alten,
Die Glieder schmerzen,

kaum können sich halten die Kandidaten des Turnabiturs.
Der Ehrgeiz Frau W's, ihr Wille zum Besten
Treibt die Gebrochenen zum Kasten, dem festen,
Vom Kasten zum Barren, zum Ball und zum Tanz.

Bild 45: Jutta nach bestandenem Leichtathletikabitur

Ob Morgendämmerung, ob Mittagszeit:
Verwünschtes Turnen!!! Oh Herzeleid!!!
Nicht nur für uns!!
Mathematik steht nun hintenan.
Frau Bergmann stöhnet: Wann, oh, wann, Wann ist, es vorbei?
Es i s t vorbei.

Nie mehr sich über den Kasten schleppen,
Nie mehr nach „Wheels" durch die Halle steppen,
Für immer vorbei.

Ein Schulfach blieb ihr bis zum Abitur ein „Buch mit sieben Siegeln", nämlich Mathematik. Die Hausaufgaben in diesem Fach überstiegen ihr mathematisches Fassungsvermögen. Daher wurde immer eine andere Mitschülerin nachmittags angerufen. Stundenlang!! Damals gab es noch kein Handy *und es war auch noch sündhaft teuer. Die Leitungen waren über einen langen Zeitraum blockiert und wütende Eltern setzten dem Dauertelefonat dann ein jähes Ende. Jutta ließ sich Lösungen oder Lösungswege nicht einfach diktieren. Nein, das wäre für sie inakzeptabel gewesen. Sie wollte alles genau wissen und verstehen, um die Aufgaben eigenständig zu bewältigen. Daher musste alles bis zur Neige geklärt werden. Das dauerte eben seine Zeit.*

Während der Schulzeit zeigte sich bereits ihre Neugier für alles Neue und Andersartige. Unser Klassenausflug in der Unterprima führte in die Nähe von Bamberg in ein Jugendhaus.

Bild 46: Jutta beim Schulausflug

Dort waren zur gleichen Zeit afrikanische Studenten untergebracht, die mit uns Tischtennis gespielt haben. Zum Abendessen fehlte Jutta. Nach endlosem Suchen und einem erkennbaren Nervenflattern unserer Klassenlehrerin wurde sie schließlich in der Bibliothek gefunden. Sie diskutierte eifrig mit einem der jungen Männer und hatte darüber völlig die Zeit vergessen.

Der gute Gemeinschaftsgeist wurde begünstigt durch unseren „Klassenraum". Da wir nur 11 Schülerinnen waren, die den gymnasialen Zweig der Oberstufe besuchten, wurde für uns ein Raum aus der Nonnenklausur ausgegliedert, weil sonst kein anderer zur Verfügung stand. Er glich eher einer Sardinendose denn einem Klassenraum. Es passten 6 Tische und 1 Lehrertisch hinein, mehr nicht. Größere Bewegungen konnte man dann nicht mehr machen. Diese Enge schmiedete zusammen, hinzu kam die Entfernung von den anderen Klassenzimmern. Das Kloster befand sich in einem entfernten Trakt des Gebäudes. Unter unserem Miniraum war übrigens die Klosterküche. Auch diese Situation hat Jutta mit viel Witz und sprachlichem Können in einem Gedicht verarbeitet.

Die Klasse

Als ich neulich Ölsardinen aus der Büchse hob,
Erinnerungsschweres Bild sich vor die Augen schob:
Aus den Sardinen stieg mir die Vergangenheit empor
Die Gegenwart in Nebel sich verlor.

So viel Tierlein eng gedrängt
War'n in der Dose eingezwängt
So stießen wir uns in der Klasse
Gepresst wie Heringe im Fasse.

Frau Bergmann spürte Platz- und Atemnot.
Als einziger Ausweg sich die Flucht ihr bot.
Gar mancher Lehrer sah hier bang:
Wie nah die Wände, die Glieder wie lang!

Nicht nur lehrte man uns dort
Mathe und des Dichters Wort.

Nicht begnügt man sich mit Mittelalters Minne,
Denn auch schult man des Geruches Sinne.

Ergebnis: Kosmos und Tangente scheidet unser Geist.
Das Riechorgan uns auf den Kohl hinweist.
Lauschen Sie denn, denn ich will künden,
Wie man uns're Nas' tat schinden.
Woch' um Woche hat sich's wiederholt:
Man hat uns völlig eingekohlt.

Die 5 Kohltage	*Montag:*	*Rotkohl*
	Dienstag:	*Weißkohl*
	Mittwoch:	*Grünkohl*
	Donnerstag:	*Rosenkohl*
	Samstag:	*Blumenkohl*

Und um der Treu zur Kirche willen
Tat freitags Fisch den Magen füllen.
Welch' Labesal, oh Fisch, dein Duft!!!!!
Welch unvergesslich süße Luft!!!!

Jutta ist mir in all den Jahren eine sehr liebe Freundin gewesen. Sie hatte immer ein offenes Ohr für mich und meine Wehwehchen. Sie hielt geduldig und unerschütterlich zu mir, obwohl das nicht immer leicht für sie war. Wir haben oft gemeinsame Wochenenden verbracht, an denen wir bis in die Morgenstunden diskutiert haben. Mit Jutta wurde es nie langweilig.

Nach dem Abitur wollte sie Realschullehrerin werden. Ihr eigentliches Wunschstudium aber war Psychologie gewesen. Sie hatte jedoch schwere Bedenken, dass sie dem Stoff nicht gewachsen sei. Ein Irrglaube, wie ihr späterer Lebensweg beweist. Sie ging nach Bonn an die Uni und legte dort auch ihr Examen ab.

Mein Weg führte mich zuerst nach Köln und später auch nach Bonn. Die Verbindung zwischen uns blieb, wurde jedoch loser. Juttas Begeisterung für alles Neue und Fremde führte sie sehr schnell in eine Gruppe indischer Studenten, wo sie auch ihren späteren Ehemann kennenlernte.

Gisela Breuer
13.10.2011

Kapitel 12
Beitrag der „Trauergruppe"

Gisela Hinsberger

„*Jeder Mensch muss und kann seinen eigenen Weg im Umgang mit seinem Verlust finden. Natürlich kann er Vorschläge prüfen, aber der Maßstab muss immer ein persönlicher sein: „Ist das gut für mich, ist das richtig für mich, ist das wertvoll für mich?"*

(Jutta Bhate im Interview mit Gisela Hinsberger am 19.08.2009)

Zwei Jahre „Trauergruppe" mit Jutta, Herbst 2005.

Ich sitze im Café, und der Tee schmeckt bitter. Unsere Tochter Sofie ist 2003 gestorben. Das Leben ist weiter gegangen. Es geht immer weiter. Ich habe es verstanden, doch in mir klaffen Welten auseinander. Meine Innenwelt, die von Sofie bestimmt ist, und diese Außenwelt, in der es sie nicht mehr gibt.

In der sie nicht zur Schule kommt, nicht Geburtstag feiert, nicht mit dem Laternenumzug mitgeht. Diese Welt, in die ich nicht passe, weil Sofie nicht mehr in sie passt. So ist es damals.

Ich sitze da, trinke Earl Grey, spüre Bitterkeit und will keine spüren. Da beschließe ich, Jutta anzurufen. Jutta Bhate, von der ich so viel gehört habe. Jutta, die auch ein Kind verloren hat. Jutta, die Trauergruppen leitet und mit verwaisten Eltern arbeitet. Ich habe schon Einblick in Angebote der Trauerbegleitung gewonnen und möchte nur noch mit Trauerbegleitern arbeiten, die selbst ein Kind verloren haben. Die nicht Trauerphasen erlernt, sondern Trauer erfahren haben. Die mir nicht mit Ratschlägen oder Glaubensvorstellungen kommen, sondern verstehen, wie ich mich fühle.

Freunde, deren Tochter an Leukämie erkrankt und gestorben ist, werden seit deren Tod von Jutta begleitet. Sie sind angetan von der Arbeit mit ihr, und ich habe das Gefühl, dass das etwas Gutes ist. Von Anfang an möchte ich zu dieser Gruppe gehören, die aber ein spezielles Angebot für Eltern verstorbener krebskranker Kinder ist. Ich habe darüber nachgedacht, Jutta zu fragen, ob sie sich vorstellen kann, eine weitere Gruppe zu begleiten. Ich habe es nicht getan.

Bis zu jenem Tee, der zu bitter schmeckt. Da fahre ich nach Hause und besorge mir Juttas Nummer.

Es ist seltsam, sie am Telefon zu hören. Ich habe schon so viel von ihr gehört, und nun ist sie doch fremd für mich. Ich erzähle ihr, dass ich das Gefühl habe, meine Tochter immer weiter zu verlieren, und frage, ob sie sich vorstellen könne, eine Gruppe von Eltern zu begleiten, deren Kinder schon vor längerer Zeit gestorben sind.

Jutta zeigt sich offen. Ich kenne andere Eltern, die noch das Bedürfnis haben über ihre verstorbenen Kinder zu reden und schlage vor, sie zu fragen, ob sie auch Interesse an einer solchen Gruppe haben. Auch Jutta kennt ein Paar, das infrage kommt. Wir vereinbaren, dass ich mich melde. Die Leute sind schnell gefunden. Ich will Jutta anrufen. Aber dann stirbt Ajay. Juttas zweiter Sohn.

Ich lese die Todesanzeige und kann es nicht fassen.

Die Idee mit der zweiten Gruppe gebe ich auf, doch ein paar Wochen später erzählt meine Freundin, dass Jutta weiter arbeitet, dass sie weiter die Trauergruppe begleitet. Auch das kann ich nicht fassen. Trotzdem rufe ich sie im neuen Jahr an.

Sie sagt mir, dass sie die Gruppe machen möchte und könne, und einige Wochen später findet das erste Treffen statt. An einem trüben Tag bei uns zu Hause.

Jutta hat mir am Telefon gesagt, dass wir Teilnehmer uns nicht um sie sorgen müssen. Trotzdem bin ich angespannt, und ich glaube, einigen anderen aus unserer Gruppe geht es ähnlich. Auch für Jutta ist der erste Abend mit uns kein einfacher, doch wir entscheiden uns, zusammenzuarbeiten und uns einmal im Monat zu treffen.

Im ersten Jahr sind wir sieben Eltern, im zweiten Jahr verabschiedet sich ein Paar, dafür kommt ein anderes neu in die Gruppe.

Und was tun wir? Wir sprechen über unseren Alltag, unsere Kinder, unsere Trauer, Sehnsucht, Hoffnungen, die Bitterkeit, Wut und die Leere. Wir nähern uns in Übungen unseren Kindern. Wir malen, wir schreiben. Wir reden über den Tod, Jenseitsvorstellungen und Religionen. Wir denken über unsere Erwartungen an andere nach, ob sie gerechtfertigt sind oder ungerecht. Wir tun, was man in Trauergruppen so tut, und doch ist es anders.

Denn erstens sind unsere verstorbenen Kinder ungewöhnlich präsent.

Jutta will sie kennenlernen, es geht ihr nicht nur um den Kontakt zu uns, sie will Florian, Julia, Martin, Yannick und Sofie wirklich kennenlernen, und manches Mal habe ich das Gefühl, die Kinder sitzen mit am Tisch. Auch Juttas Kinder Anil und Ajay.

Zweitens hat Jutta Autorität. Als Gruppenleiterin und als Trauernde.

Aus wie vielen Mündern habe ich bis dahin schon den Satz gehört: „Jeder muss seinen eigenen Weg in der Trauer finden."

Und wie leicht dahin gesagt hat er in meinen Ohren geklungen.

Nicht so bei Jutta. Jutta fixiert uns und sagt: „Den ureigenen Weg in der Trauer zu finden, halte ich für das Allerwichtigste."

Sie fordert uns heraus zum Selbstrespekt. Zum Selbstrespekt in der Trauer. Ihr Appell hat Gewicht, viel Gewicht, weil er ihre tiefste Überzeugung und Erfahrung ausdrückt. Sie ermutigt uns, das Vermächtnis unserer Kinder zu achten, und wir spüren, dass wir dies noch intensiver tun können, weil sie es vorgelebt hat.

Drittens unterscheidet Jutta genau zwischen ihrer Sicht der Dinge und der der Gruppenteilnehmer, und es gelingt ihr mit ihrem umfassenden philosophischem und spirituellem Wissen, unseren unterschiedlichen christlichen, buddhistischen, esoterischen und naturwissenschaftlichen Vorstellungen ihren Raum zu geben.

Obwohl sie für sich die Gewissheit hat, dass ihre Kinder leben, stellt Jutta sich mit Respekt und Wärme den Vorstellungen von endgültigem Tod, die andere Eltern haben. Sie trägt den Schmerz. Sie beschwichtigt nicht. Und sie erteilt nie ungefragt Ratschläge.

Viertens hat Jutta Humor. Und kann diesen als Mutter, die selbst Kinder verloren hat, vielleicht entspannter und feinfühliger einsetzen als „nicht-betroffene" Gruppenleiterinnen. Wir lachen viel bei unseren Gruppentreffen, und es fühlt sich gut an. Weil Lachen leichter fällt, wenn der Schmerz Raum hat.

Nach einem Jahr Gruppenarbeit mit Jutta habe ich keine Angst mehr vor Groll und Bitterkeit. Ich habe das Gefühl, mit dem Tod meiner Tochter versöhnter zu sein. Ich brauche die Treffen nicht mehr und habe den Eindruck, den anderen geht es ähnlich. Aber es ist schön, sich zu treffen und miteinander zu arbeiten und wir machen weiter. Noch ein Jahr. Bis zu Juttas Unfall. Danach treffen wir uns als Gruppe, um an Jutta zu denken, ihr zu schreiben, sie zu besuchen, ihre Gesundung zu feiern und uns dann doch von ihr zu verabschieden.

In Trauergruppen geht es um Vermächtnisse. Auch in unserer Gruppe. Deswegen möchte ich zum Schluss über Juttas Vermächtnis sprechen. Für mich ist Juttas Vermächtnis der Respekt in der Trauer. Damals war ich irritiert, dass Jutta nach Ajays Tod wirklich anfing, mit uns zu arbeiten. Heute wäre ich es nicht mehr, heute weiß ich, dass das ihr Weg war. Nun gestehe ich jedem Trauernden zu, sich in die Arbeit zu stürzen, sich zu vergraben, unaufhörlich zu reden, eine Weltreise anzutreten oder.... Diese Offenheit ist Juttas Vermächtnis.

Auch die Freundschaft unserer Gruppe ist für mich Juttas Vermächtnis. Unserer Gruppe, die sich weiter trifft, zusammen isst, lacht und zunehmend seltener über Martin, Yannick, Julia, Sofie, Anil, Ajay und Jutta spricht. Was sich nicht falsch anfühlt, weil sie trotzdem da sind.

Und der hohe Storchschnabel, Geranium Patricia, ist Juttas Vermächtnis. Jutta hat mir irgendwann nach ihrem Unfall ein Büschel der violetten Blumen aus ihrem Garten ausgegraben.

Als sie mir von ihren Lebermetastasen erzählt, gehe ich in den Garten, teile die Staude und pflanze sie an zwei Stellen ein. Sicherheitshalber, denn die Blumen sollen bleiben, falls Jutta stirbt. Jutta lacht, als ich ihr das erzähle: „Das hättest du nicht tun brauchen. Der geht nicht ein. Warte nur ab. Du wirst schon sehen." Ich warte. Der Frühling kommt, und der Storchschnabel wuchert.

Gisela Hinsberger

Kapitel 13
Auf der Suche nach Tiefe

Pfarrer Frank Ertel, TelefonSeelsorge Aachen

Veränderungen auf dem Lebensweg geschehen im Wesentlichen auf zwei Wegen:

Der eine Weg ist der unmerklich langsame, schleichende Weg, bei dem man sich im Nachhinein fragt, wie es eigentlich dazu kommen konnte. So ist das z. B. in Beziehungen, wenn man auf einmal merkt, dass jede Bezogenheit verloren gegangen ist. Die andere Form von Veränderung ist diejenige, bei der man fast auf die Sekunde genau sagen kann: Von da an war alles anders. Diese Veränderungen geschehen z. B. nach einem Schicksalsschlag, der in Mark und Bein trifft, der den Lebenshorizont verfinstert und einen Menschen vor die radikalsten Fragen seiner Existenz stellt.

Eines der prominentesten Beispiele für eine solche Lebensveränderung nach einer als traumatisch einzustufenden Erfahrung ist Henry Dunant. Nach einer, seine Integrität aufs Tiefste verletzenden, Erfahrung gründete er die Hilfsorganisation das „Rote Kreuz" und damit eine erste nicht religiös gebundene weltumspannende Hilfsorganisation. Auf diese Weise wurde er eigentlich zu einem wahren Helden der Geschichte, weil er eine neue Art der Humanität in die menschliche Gesellschaft einbrachte. Für diese Menschenarbeit hat er zwar einen besonderen Platz in der Geschichte der Menschheit bekommen.

Warum schreibe ich hier von Henry Dunant? In der TelefonSeelsorge beschäftigen wir uns immer wieder damit, was unser Handeln antreibt. Schließlich könnte man seine

Zeit auch angenehmer verbringen, als abends seine Sachen zu packen, in die TelefonSeelsorge-Stelle zu fahren, einen Nachtdienst zu leisten und bis an die Grenze zur Übermüdung Menschen sein Ohr zu schenken. Was treibt uns an? Sind wir die „Gutmenschen", die sich aufopfern, eine 24-stündige Bereitschaft an 365 Tagen im Jahr aufrechtzuerhalten, weil wir das für die anderen tun, weil wir wissen, dass Menschen auch nachts nach einem Ohr und einer Stimme suchen, die für sie da ist? Oder sitzen wir letztlich am Telefon, weil wir etwas für uns tun wollen? Weil es uns selbst gut geht, wenn andere uns brauchen? Weil wir uns christlich berufen fühlen? Oder machen wir diesen Dienst, weil sie selbst einen Gewinn haben, weil Ausbildung, Fortbildung und Supervision uns selbst stärken, weil wir uns selbst entwickeln und sie so etwas für unser eigenes Leben tun können?

Vielleicht ist es genau die Mischung aus allem, die das Besondere von TelefonSeelsorge ausmacht. TelefonSeelsorge ermöglicht demjenigen, der mitarbeitet, sich mit der eigenen Biografie, Lebenswegen und Entwicklungen auseinanderzusetzen, ohne, entweder als krank oder als Egoist dazustehen. In der Aus- und Fortbildung lernt man viel über Kommunikation, Gesprächsführung, seine Rolle im Gespräch, seinen Glauben, psychiatrisches Grundwissen usw. Das ist einerseits für das eigene Leben gewinnbringend, aber andererseits eben auch hilfreich für die Seelsorgesuchenden am Telefon oder im Internet.

Jutta Bhate kam zu uns in die Telefonseelsorge nach einer traumatischen Erfahrung. Sie hatte, wie an anderer Stelle in diesem Buch beschrieben, ihren Sohn durch einen plötzlichen Herztod verloren. Das war für sie eine Situation, die so einschneidend war, dass sie nach neuen Wegen in ihrem Leben suchte.

Diesen Dienst bei uns aufzunehmen, war für sie, nach meiner Wahrnehmung, ein Teil ihrer Suche nach einer neuen Form von Tiefe in ihrem Leben. Sie wollte nach diesem traumatischen Einschnitt neue Wege gehen und neue Tiefe erfahren.

Außerdem hat Jutta Bhate in ihrem Leben leidenschaftlich gern fotografiert und auch Bilder ausgestellt. Viele ihrer Bilder haben auf die eine oder andere Art und Weise immer wieder Wege als Motive. Diese Bilder zeigen aber oft nicht nur einfach den Weg, sondern haben eine besondere Perspektive. Sie zeigen einen Weg, der im Vordergrund beginnt und in die Tiefe des Raumes führt.

Ähnlich kann man auch ihren Weg in der TelefonSeelsorge beschreiben. Er hat vordergründig damit begonnen, andere Menschen in ihrer Not zu begleiten. Zugleich war er aber auch geprägt von der Suche nach Tiefe. Es war eine Suche danach, das Leben zu verstehen. Bei ihr selbst wirkte vordergründig vieles sehr stark. In ihrem Inneren gab es aber auch eine Sehnsucht, diese Welt mit ihren Schicksalsschlägen immer wieder neu zu verstehen und zu begreifen.

Gerade in den ersten Jahren hat sie sehr viele Dienste am Telefon gemacht. Sie war begierig darauf, was die Anrufenden ihr erzählten, welche Lebensgeschichten sie hatten, sie hat nachgefragt, nicht nachgelassen, doch helfen zu wollen, neue Wege aufzuzeigen, einen Weg mit den Anrufenden zu gehen.

Sie war auch niemand, der sich bei den Reflexionen der Gespräche zurücklehnte und die anderen in der Gruppe erzählen ließ. Getrieben von dem Ehrgeiz, jemandem vielleicht noch besser helfen zu können, brachte sie ihre Gespräche immer wieder ein.

Aus eigenem Antrieb vertiefte sie dann ihr Engagement weiter, machte eine therapeutische Zusatzausbildung und en-

gagierte sich auch in der Frauenberatung. Als Letztes übernahm sie dann noch die Leitung von Trauergruppen.

Ihr eigener Weg war dabei geprägt von einem ständigen Ineinander-verwoben-Sein der Begierde, noch mehr psychologisches Handwerkszeug in die Hand zu bekommen und gleichzeitig auch spirituelle Erfahrungen zu machen. Über die Jahre bekamen die spirituellen Elemente, besonders nach ihrem schweren Autounfall, immer mehr Gewicht. Dieser Prozess wurde befördert durch den Tod ihres zweiten Sohnes.

Als sie selbst todkrank wurde und von der Krankheit schon gezeichnet war, ließ sie von allen psychologischen Dingen ab und blickte ganz auf ihren Glauben, bezogen auf das, was sie in ihrem Leben getragen hat. Der Tod ihrer Söhne, der Unfall und die tödliche Krankheit waren mehr, als ein Mensch in seinem Leben ertragen kann.
Ihre Art mit diesen Schicksalsschlägen umzugehen, hatte zwei Seiten. Die eine Seite war diejenige, die man oft auf den ersten Blick wahrnehmen konnte. Sie war stark und durch einen handelnden Umgang geprägt. Die andere Seite war eine tiefe Verzweiflung an dieser Welt.

Vielleicht hat sie gerade deswegen, solange es irgend ging, an ihrem Dienst in der TelefonSeelsorge festgehalten, weil sie gerade dort immer wieder Menschen fand, die auch genau diese beiden Seiten in sich hatten. Eventuell war sie für andere da, um so auch für sich da sein zu können. Menschen zum Handeln auch in schweren Lebenssituationen ermutigen zu können und gleichzeitig aber auch ihre Sehnsucht nach Heil und Frieden zu spüren, kann etwas sehr Bewegendes und Motivierendes sein.

Das Wissen um ihr baldiges Ende hat sie versöhnt. Sie hatte ihre Hoffnung auf den Frieden, der sie erwartete, und ihren Glauben fest in ihrem Herzen. Auch als sie so weit gekommen war, hat sie noch Dienst gemacht.

Auf diese ihre spezielle Art hat sie sehr zu unserer Gemeinschaft in der TelefonSeelsorge Aachen beigetragen. Wir sind dankbar, dass sie Teil unserer Gemeinschaft war.

Dank

Nach längeren Überlegungen kam ich auf die Idee, für meine Frau ihre Biografie zu schreiben.
Ursprünglich wollte ich meine Autobiografie mit meiner Jutta gemeinsam veröffentlichen. Sie war jedoch damals der Meinung, nur mein Name gehöre auf das Cover. Es ging zwar auch um unsere gemeinsame Geschichte, im Wesentlichen aber um meine Biografie. Sie hat mich nur in Wort und Inhalt unterstützt.

Wir kannten uns seit 44 Jahren. Sie wusste über mich mehr als meine Eltern. Sie war mir lebenslang eine Stütze – in Beruf und im Privatleben. Einerseits war sie meine Kritikerin, andererseits die Schokoladenseite meines Lebens. Deshalb vermisse ich sie sehr.

Dieses Werk ist als Dank und Anerkennung für sie gedacht.

Das Manuskript wäre ohne die Aufzeichnungen bzw. das Tagebuch von Juttas Mutter nicht entstanden.

Da das Tagebuch in „Sütterlin" geschrieben ist, half mir Erich Titze, den Text zu entziffern. Dafür gilt mein herzlicher Dank.
    Mein Dank gilt auch Dr. Hartmut und Birgit Wiechman für das wertvolle und kreative Feedback.
    Besonders danke ich meiner Tochter Sunita, für die Auswertung meiner Texte sowie für anregende Ideen zur Gestaltung des Buches.

Dank gebührt ferner den Freunden, die das Manuskript mit kritisch wohlwollendem Auge gelesen haben.

Zum Schluss danke ich auch dem Agenda Verlag, insbesondere Dr. Bernhard Schneeberger für großartige Hilfe beim Erstellen und Veröffentlichen des Buches.

Literaturverzeichnis

• (1) Hasmukh Bhate: Aus dem Traum in die Wirklichkeit, Mein Leben zwischen Indien und Deutschland, Eine Autobiografie, Agenda Verlag Münster 2010

• (2) Paul H. Köppler: So spricht Buddha: Die schönsten und wichtigsten Lehrreden des Erwachten, O.W. Barth, Verlag der S. Fischer Verlag GmbH Frankfurt am Main

Bildverzeichnis

Bild 1	Geburtsanzeige	13
Bild 2	Jutta und Mutter	13
Bild 3	Jutta, fünf Monate alt	14
Bild 4	Impfbezirk Beuthen OS- Stad	15
Bild 5	Jutta mit drei Jahren	21
Bild 6	Jutta mit Blumen	24
Bild 7	Jutta mit vier Jahren	26
Bild 8	Jutta vor der Einschulung 1949	29
Bild 9	Jutta	29
Bild 10	Jutta am Drachenfels	30
Bild 11	Brief an das Christkind 1951	32
Bild 12	Jutta mit Vater 1952	33
Bild 13	12.04.1953	34
Bild 14	Juttas Erstkommunion	35
Bild 15	Jutta und Marie Odile	40
Bild 16	Jutta 1966 in Bonn	40
Bild 17	Jutta und Hasmukh	42
Bild 18	Jaikishan, Jutta und Hasmukh	47
Bild 19	Verlobungen in Odenkirchen	49
Bild 20	Blumengirlanden nach der Trauung	50
Bild 21	Kirchliche Trauung	50
Bild 22	Enkaustik Malerei aus Wachs	53
Bild 23	Sunita und Michael als Brautpaar	58
Bild 24	Ajay beim DRK	66
Bild 25	Anil im Alter von 14 Jahren	68
Bild 26	Ajay im Alter von 25 Jahren	86
Bild 27	Trauerfeier in der Kirche	87
Bild 28	Ajays Grabkreuz	89
Bild 29	Watt	118
Bild 30	Sommertag	120
Bild 31	Lichtkontraste	121

Bild 32	Am Strand	122
Bild 33	Dünen	124
Bild 34	Sturm	125
Bild 35	Wolken	127
Bild 36	Das Auto nach dem Unfall	130
Bild 37	Bethlehem Kreuz	132
Bild 38	Röntgenbild Oberschenkelbruch	134
Bild 39	Stephanie Bosch und Arup Sengupta	135
Bild 40	Partho Sarothy	135
Bild 41	Sarg in der Kirche aufgebahrt	149
Bild 42	Grabsteine von Jutta	150
Bild 43	Gedenkfeier für Jutta in Chennai	153
Bild 44	Ajay, Jutta, Anil	156
Bild 45	Leichtathletikabitur	195
Bild 46	Jutta beim Schulausflug	196

Hasmukh Bhate
Aus dem Traum in die Wirklichkeit
Mein Leben zwischen Indien und Deutschland

ISBN 978-3-89688-429-9, 240 Seite, 2010, 19,80 €

Hasmukh Bhate, Dr. med., geboren 1942 in Barsi/Distrikt Solapur/Indien, kommt mit neunzehn Jahren zum Medizinstudium nach Westdeutschland. Er bleibt und arbeitet nun seit über dreißig Jahren erfolgreich als Anästhesist und Intensivmediziner in dem Eifelort Simmerath.

Das Buch öffnet den Blick in ungewohnte Welten. Es schildert ein Leben zwischen zwei gegensätzlichen Kulturen. Dr. Bhate stammt aus der bürgerlichen Schicht Indiens. Liebevoll erinnert er sich seiner Eltern und Verwandten. Behütet wächst er in traditionellen Wertvorstellungen auf. Sie bilden seine festen Wurzeln. Sie gewährten ihm Halt ein ganzes Leben lang. Sie machen ihn stark, seinen Platz in einer anderen, ihm wiederum fremden Kultur zu behaupten.

Damals bedeutete der Schritt in die Fremde eine gewaltige Herausforderung. Er musste sich in einem neuen Umfeld anpassen - sich ohne Selbstverleugnung dem beruflichen Fortkommen, den wachsenden Ansprüchen von Familie und Kindern, schlimmen Schicksalsschlägen – dem Alltag, der Zukunft in Deutschland stellen.

Die Autobiografie von Hasmukh Bhate darf als Geschichte einer gelungenen Integration gelten. Beispielhaft deswegen, weil Integration – auch die der Anderen - jedem von uns Persönliches abverlangt und letztlich auf der inneren Bereitschaft des Gebens und Nehmens beruht.